Coordenação editorial
Alan Cardoso & Jaques Grinberg

NOTAS DE
SUCESSO

Copyright© 2017 by Literare Books International.
Todos os direitos desta edição são reservados à Literare Books International.

Presidente:
Mauricio Sita

Capa e diagramação:
David Guimarães

Revisão:
Débora Tamayose

Gerente de Projetos:
Gleide Santos

Diretora de Operações:
Alessandra Ksenhuck

Diretora Executiva:
Julyana Rosa

Relacionamento com o cliente:
Claudia Pires

Impressão:
Rotermund

Dados Internacionais de Catalogação na Publicação (CIP)
(Câmara Brasileira do Livro, SP, Brasil)

Notas de sucesso / coordenação editorial Jaques Grinberg e Alan Cardoso. -- São Paulo : Literare Books International, 2017.

ISBN: 978-85-9455-030-9

1. Aprendizagem 2. Música - Estudo e ensino 3. Música - Teoria I. Grinberg, Jaques.

17-04893   CDD-780.7

Índices para catálogo sistemático:

Literare Books
Rua Antônio Augusto Covello, 472 – Vila Mariana – São Paulo, SP.
CEP 01550-060
Fone/fax: (0**11) 2659-0968
site: www.literarebooks.com.br
e-mail: contato@literarebooks.com.br

Sumário

1 **Tecnologia para o mercado musical**
Alan Cardoso — p. 7

2 **O conflito entre as expectativas dos alunos e a realidade/dificuldade do estudo de música**
Ana Claudia Rocha — p. 17

3 **Um mosaico musical**
Bianca Passos de Amorim — p. 25

4 **O grande desafio**
Denisclei Oliveira de Amorim — p. 35

5 **Despertar para o empreendedorismo**
Denis Sá — p. 45

6 **De professor a empreendedor aos 75 anos**
Fernando dos Santos Costa — p. 55

7 **Reflexões: dos desafios ao sucesso**
Jaques Grinberg — p. 65

8 **Que o sucesso seja consequência e não objetivo**
Juliano Batista de Lima — p. 75

9 **Como consegui de estagiário me tornar empresário!**
Nilton Márcio dos Santos — p. 85

10 **Superando desafios**
Oswaldo Segantim Junior — p. 95

1

Tecnologia para o mercado musical

O mundo empresarial tem mudado bastante nos últimos anos em razão da evolução tecnológica. A busca por vantagens competitivas, alcançar novos mercados e otimizar lucros é assunto do cotidiano na gestão das empresas. A tecnologia da informação tem sido nos últimos anos uma ferramenta importante no processo gerencial. O uso estratégico da tecnologia é fundamental para o crescimento e o desenvolvimento de uma empresa, independentemente do seu tamanho

Alan Cardoso

Alan Cardoso

Pós-graduado em Administração e Marketing e especialista em Engenharia de Sistemas. Colunista de vários portais e revistas, atualmente é CEO na ETAG Soluções em Tecnologia, responsável pelo Acorde – Sistema de Gestão para Escolas de Música, Portal Educa Music – Teoria Musical Interativa e criador da rede social Músicos na Web.

Contatos
www.etaginformatica.com.br
www.alancardoso.com

Neste artigo abordarei dois tópicos de tecnologia que acredito ser fundamentais para escolas: tecnologia para educação a distância e gestão.

Novas tecnologias aplicadas à educação

No setor educacional, o uso de tecnologia tem sido cada vez mais frequente. A cada dia surgem novas tendências, e precisamos estar sempre antenados.

Existem ferramentas computacionais que proporcionam formas diferentes de contato com a prática musical. Sintetizadores, editores de partituras e ambientes virtuais são algumas ferramentas utilizadas dentro desse contexto, proporcionando novas possibilidades de aprendizagem.

Educação musical a distância

Vivemos em um mundo dinâmico, e, como tal, estudar de forma tradicional (apenas na sala de aula) não é mais a única possibilidade. Com isso, a educação a distância (EAD) vem conquistando mercado e apresentando novas perspectivas.

Essa modalidade de ensino baseia-se na utilização de tecnologias da informação e comunicação. Com o crescimento da internet, as plataformas e as ferramentas utilizadas nos cursos *on-line* são cada vez mais dinâmicas, proporcionando experiências ricas de aprendizagem.

No meio musical existem diversos projetos sendo desenvolvidos, como o "*The Virtual School of Music*" (www.thevirtualschoolofmusic.com). O *Massachusetts Institute of Technology* (MIT) e a *OpenCourseWare* (OCW – www.ocw.mit.edu) promovem a educação e o compartilhamento de conhecimento por meio de mais de 2 mil cursos em diversas áreas. Você pode estudar Análise Musical, Compondo com Computadores, entre muitos outros.

A *Berklee Music* (www.berkleemusic.com) conta atualmente com mais de 150 cursos. Pense em como deve ser interessante estudar Composição com estudantes de outros estados e países e, melhor, sem sair de casa. O enriquecimento cultural, sem dúvida, é imenso.

No Brasil, a Universidade Federal de São Carlos (Ufscar – www.

uab.ufscar.br) oferece curso de graduação em Música a distância. Em agosto de 2010, fui convidado para participar da V Semana da Música, para ministrar oficina sobre o *software* Musibraille e compartilhar experiências e projetos com plataformas *on-line* aplicadas à educação. Na ocasião pude verificar a importância de parcerias como a entre a Universidade Aberta do Brasil (UAB) e a Ufscar, proporcionado formação de qualidade a estudantes que moram em cidades distantes.

As escolas de música possuem grande importância nesse cenário.

O uso da tecnologia nas aulas pode auxiliar professores e alunos no desempenho prático e teórico dos estudos musicais. Fazer exercícios num AVA Ambiente Virtual de Aprendizagem (AVA) muitas vezes pode ser mais atraente do que no livro, pois as animações, o áudio, o vídeo e o *feedback* automático, informando a nota que o aluno obteve na atividade, podem proporcionar exemplos mais claros de sua compreensão de determinado conteúdo. Para as escolas de música, uma plataforma *on-line* pode ser utilizada como outra unidade escolar, oferecendo curso totalmente *on-line* ou para complemento de aula presencial, sendo um grande diferencial no mercado. Economia com material, espaço físico e equipe são alguns benefícios da educação a distância, além de conquistar alunos em qualquer localidade.

Educação a distância: minha escola está preparada?

Atualmente é comum as pessoas falarem sobre EAD. A imagem que muitas vezes vem à cabeça é de um professor de um lado do computador, o aluno em outro, solidão e falta de interação, entre outras críticas. Dessa forma, como se dá o aprendizado? É produtivo? Vale a pena? Aula via Skype é EAD?

Dificuldades de deslocamento, trânsito, distância, transporte cheio e indisponibilidade de vagas para estacionar são alguns problemas comuns das grandes cidades. Pensar em soluções para a situação acima pode significar a sobrevivência de muitas empresas em curto prazo, pois as pessoas buscam cada vez mais qualidade de vida, horário flexível ou, ainda, estudar nas horas que mais lhes convêm. A EAD possibilita levar o conhecimento a qualquer lugar. É a escola indo até a casa do aluno. Porém, não é tão simples. É necessário conhecer as boas práticas aplicadas nessa modalidade para a implementação de um projeto de sucesso.

Por ser uma modalidade relativamente nova, os cursos na modalidade EAD são alvo de preconceitos daqueles que não a conhecem, até porque existem de fato empresas que vendem "apostila *on-line* para *download*" e chamam de curso *on-line*. Para um bom curso nessa modalidade, assim como no presencial, é necessário um projeto que abranja tópicos básicos, como planejamento, análise de estratégias para aprendizagem mediada por computador, público-alvo, *design* instrucional, equipe multidisciplinar e recursos didáticos (mídias, jogos, testes, vídeos) são quesitos importantes.

Para as escolas e os professores que desejam trabalhar com a modalidade, é importante buscar formação específica, pois um curso *on-line* de qualidade vai muito além de apenas disponibilizar material para *download* ou se conectar ao Skype. É necessário treinar a equipe de professores para trabalhar com a modalidade. Existe metodologia específica no aspecto educacional para *e*-educacional e corporativo. Negligenciar tais quesitos não contribui para a formação dos alunos ou dos colaboradores da empresa.

Segundo a Associação Brasileira de Educação a Distância (Abed), os cursos com alta tecnologia têm atraído muitos alunos, pois diversos estímulos podem otimizar o processo ensino-aprendizagem, como animações, vídeos, áudio, entre outros. A tecnologia utilizada para um curso *on-line* é fundamental, mas não podemos nos esquecer de que o foco principal é a aprendizagem do aluno e que o professor é o mediador do processo nesse contexto. Essas são a base para uma implantação de sucesso em qualquer instituição.

Os avanços da tecnologia possibilitam hoje cursos *on-line* com ambientes virtuais de aprendizagem sofisticados, muitas vezes mais interessantes do que muitos cursos presenciais. Em sala de aula, muitas vezes o professor tenta esboçar na lousa um desenho que, com animação criada para o computador, levam o aluno a melhor compreensão e visualização do assunto abordado. As tecnologias interativas proporcionam ao aluno (ou ao funcionário, se pensarmos no ambiente empresarial) a possibilidade de experimentar possibilidades e estímulos diversos no curso, clicando, assistindo, ouvindo, enfim, são muitas possibilidades de recursos, proporcionando maior compreensão dos assuntos estudados.

A educação a distância não é novidade. Possui mais de 100 anos. As primeiras experiências foram realizadas na Alemanha e nos Estados Unidos, onde matérias de ensino faziam parte de alguns jornais. Em seguida, passou pela fase do curso por correspondência, transmissões radiofônicas, videoaula, CD-ROM, disquete, telecurso e videoconferência. Havia curso de tudo o que se pudesse imaginar (e, claro, de música também). Segundo a Abed, a EAD chegou ao Brasil por volta de 1960, por meio do rádio e de material impresso. Alguns cursos eram ministrados exclusivamente com apostilas e fitas, modelo muito utilizado pelo Instituto Universal Brasileiro e pelo Instituto Monitor, com mais de 70 anos de atuação e 5 milhões de alunos atendidos.

Essa modalidade de ensino não veio para substituir nem concorrer com o presencial, mas sim ser mais uma opção para que as pessoas possam estudar, utilizando a tecnologia para o que ela faz de melhor, que é facilitar a vida das pessoas. Sempre existirão aqueles que fazem questão do presencial, mas a cada dia aumenta o número de pessoas que se interessam por estudar *on-line*. Preparar-se e oferecer essa opção para seus alunos pode dar um rumo positivo aos seus negócios.

Confiar ou não confiar na tecnologia: eis a questão

Vivemos em um mundo globalizado e conectado. Hoje podemos enviar mensagens instantâneas e *e-mails* de onde estivermos, agilizando a comunicação e nossos negócios. Ir de um lugar a outro com um navegador GPS é muito prático. O potencial da internet ainda é um oceano a ser desbravado. Além da infinidade de informações disponíveis com poucos cliques, a rede mundial possibilitou o surgimento de empresas que nasceram em uma garagem ou no meio acadêmico, como o Facebook, o YouTube, o Google, e alavanca os negócios de muitas outras.

Com as facilidades e os benefícios que as novas tecnologias trazem, muitas vezes ficamos desconfiados de toda essa comodidade e perguntamos: "Será que posso confiar? Será que essa informação é verdadeira? E se eu perder meus arquivos? Será que o *e-mail* chegou?".

Há alguns anos o controle administrativo e financeiro das empresas era realizado com máquina de escrever, caderno, calculadora e caneta. Anotar cada venda realizada ou aluno captado, somar os valores de entrada do dia... Hoje podemos ter um controle melhor de nosso negócio de forma ágil e prática. Nada contra o papel e a caneta. Mas dá muito mais trabalho, sem falar no impacto ambiental. E lembre-se de que era necessário um bom espaço na empresa para armazenar toda a papelada e o arquivo morto, juntando ácaros e baratas. Ainda, os comunicados eram enviados por correspondência, fazendo com que assuntos urgentes tivessem de esperar mais um pouco. E relatórios gerenciais? Bom, era necessário ter um básico de estatística para analisar valor médio e total/mês, produtos mais vendidos, curso mais procurado ou alocação de recursos (salas, professores) da escola.

Ainda, analisar funcionário que mais vende ou faz matrícula, professor que mais perde aluno ou mantém aluno, acompanhar retorno de campanhas e investimentos, entre outros. Hoje você pode ter uma visão geral de como está seu negócio com poucos cliques, de forma precisa e rápida, baseado na análise das anotações diárias.

E os riscos de perda e confiabilidade dos dados? O computador é binário (0 ou 1). Logo, é certo ou errado. Se está errado, muito provavelmente é porque erramos em alguma fórmula ou controle. Pensando no exemplo do nosso trabalho utilizando papel para todos os controles, o risco de perda de dados também existia. Podia molhar, rasgar ou pegar fogo. Ainda, precisava de um cômodo na empresa exclusivamente para a papelada e atenção nos cálculos.

Hoje basta um simples *pendrive* para guardar centenas e até milhares de arquivos. É claro que não podemos deixar de salvar cópias atualizadas diariamente, de preferência em mais de um *pendrive*, assim como fazíamos com os papéis. Ou vai dizer que você não tem cópia de segurança de documentos importantes?

E os *e-mails* que não chegam? A maioria das empresas responsáveis pelos serviços de *e-mail* usa mecanismos de segurança, para que, no caso de sua mensagem não ser enviada, você automaticamente receba uma mensagem de erro. É cada vez mais raro não receber um *e-mail* enviado por alguém.

É apenas uma reciclagem na maneira como interagimos com o mundo. O procedimento é o mesmo. A diferença é que a tecnologia facilita e torna o trabalho mais prático.

Business Intelligence para escolas de música

Ao abrir uma empresa, o empreendedor precisa estar atento e buscar seu diferencial competitivo, compreender e analisar o mercado e seu público-alvo, trazendo diferencial para tornar o produto ou o serviço de sua empresa único e especial. Para isso, é necessário descobrir como analisar os dados certos para que seu negócio cresça.

Uma ferramenta muito utilizada por empresas de todos os portes é o *Business Intelligence* (BI). As pequenas empresas também podem se beneficiar do uso do BI na entidade, tanto para questões estratégias quanto para análises de performance internas (professor que mais perde ou mantém alunos, curso mais procurado, alocação de recursos, instrumentos mais vendidos, mensuração da qualidade de atendimento dos funcionários, entre outros), reduzindo custos e desperdícios.

A implantação de um sistema ou processos que possibilitem o BI tem como objetivo utilizar dados e transformá-los em informações importantes para a tomada de decisão dos gestores, seja em novos investimentos, seja nas decisões estratégicas da empresa. As informações tratadas para os gestores podem ser quantitativas (quantas matrículas conseguimos a partir do investimento X no veículo de marketing Y, aumento de venda de instrumentos por determinada ação) ou qualitativas (perfil do cliente e do mercado, impacto no negócio, entre outras).

Implementar o BI nas empresas do setor musical não é tão complexo, porém em primeiro lugar é preciso ter em mente que "a casa precisa ser colocada em ordem". As empresas não estão acostumadas a enxergar os números como base de decisões, por isso os empreendedores precisam às vezes deixar um pouco de lado o *feeling* (fundamental na música e importante nos negócios, mas perigoso se for o único indicador de decisões). Se nos basearmos apenas nas experiências anteriores, temos a tendência de permanecer no mesmo lugar. O BI coloca o olhar do gestor com foco nos dados e informações consistentes para análise e tomada de decisão mais segura.

O BI pode ser implantado de várias formas. Uma delas é com planilhas do Excel ou sistemas que tenham sido criados com o objetivo de possibilitar visão estratégica dos resultados obtidos pela empresa, trazendo controles mais precisos. O mais importante é ter os indicadores certos para seu negócio. O monitoramento deve ser constante e serve de controle para traçar novas estratégias para sua empresa. Tenha certeza de que em médio prazo você criará em sua organização o costume de mensurar e avaliar todas as ações, possibilitando aumento de produtividade e melhor uso de seus recursos, além da expansão de sua loja ou escola, pois terá uma visão clara do que acontece com seu negócio.

2

O conflito entre as expectativas dos alunos e a realidade/ dificuldade do estudo de música

Onde está o desajuste entre ensino e aprendizagem, entre professor e aluno, entre escolas de música e músicos que estão ainda desencadeando uma evasão?

Ana Claudia Rocha

Ana Claudia Rocha

Atualmente sou proprietária de uma escola de música e educação, na qual também atuo como professora e psicopedagoga. Licenciatura em Ciências – Faculdade de Ciências e Letras Plínio Augusto do Amaral. Habilitação plena em Matemática – Faculdade de Ciências e Letras Plínio Augusto do Amaral. Pós-graduação lato sensu em Psicopedagogia – Universidade do Estado de Minas Gerais – Fundação Educacional de Ituiutaba – Instituto Superior de Ensino e Pesquisa. Pós-graduação lato sensu em Psicopedagogia Clínica e Institucional – Sociedade Nacional de Educação, Ciência e Tecnologia (SOET). Habilitação plena em Música – habilitação afim em Instrumento. Técnico em Piano – Conservatório Musical Campinas. Habilitação plena em Música – habilitação afim em Instrumento. Técnico em Teclado. Habilitação plena em Música – habilitação afim em Instrumento. Técnico em Órgão eletrônico. Cursos livres de Teclado e Órgão eletrônico pelo Curso Livre de Música (CLM).

Contatos
acrpcv@gmail.com
porto_ana@live.com
Instagram: @anaclaudiaclme
Facebook: Ana Claudia Rocha
(66) 99984-9696

A resposta a essa questão está no fator motivador deste estudo, que tem como objetivo identificar falhas e sugerir mudanças para a melhoria da qualidade a ser oferecidas nas aulas e nas atividades das escolas livres de música. Dessa forma foi levantado o conhecimento, por meio de referencial teórico, dos fatores que levam à motivação, possibilitando o conhecimento da origem da desmotivação e a verificação do professor e da família nesse processo.

Desde a formação do homem, a humanidade vem experimentando e vivenciando um extraordinário processo de evolução externa, como a resposta a uma necessidade do seu interior. Da comunicação feita pelo som de animais ou ruídos de tambores, chegou-se ao uso da tecnologia avançada que ora ocupa o lugar natural de nossas expressões. O ser humano nunca se satisfaz e, por isso, vive numa constante busca de satisfação e realizações internas, muitas vezes esquecendo-se de que é preciso trabalhar para conquistar, o sujeito se coloca na posição de nada mais do que receptador de informação, não lutando pelo que possa sozinho conquistar. Na busca do estudo de arte ou música pode-se, muitas vezes, perceber a ansiedade das pessoas em "ver" algo acabado ou concluído.

Apesar de tantas realizações no campo das ciências e de todos os esforços e empenhos dedicados à construção de um mundo melhor, cada vez mais se acentua uma sensação de impotência, o que provoca no homem uma insatisfação quase constante, que o leva muitas vezes ao caminho da busca de conhecimento do novo ou daquilo que até então lhe parece tão distante, mas que na realidade é vivido e tão próximo da natureza instintiva do homem.

Durante algum tempo, temos vivido uma situação em que, embora acreditemos no processo, temos de ouvir algumas reclamações quanto ao atendimento nas escolas de música como instituição.

Desculpas são dadas ou apontadas por pessoas que são colocadas à nossa frente para falar de suas insatisfações, e percebemos que os motivos não são relevantes a ponto de abandonar a instituição, que tem a função de auxiliá-lo na formação como homem cidadão.

A cada dia recebemos novas pessoas, com novos propósitos na vida, e alguns até nos buscam como soluções para seus problemas de psicoses, como um trabalho de terapia ou musicoterapia informatizada, portanto a motivação pelo tema ora abordado vem de minhas experiências no processo de iniciação à alfabetização musical, processo que tem revelado grande dificuldade por parte dos indivíduos que atuam como profissionais da área.

A questão do ensino musical é bastante ampla e merece destaque. TAFURI (1987) define a educação artístico-musical não apenas como a aprendizagem de um instrumento, mas também "o desenvolvimento do ser humano tanto como consumidor crítico e consciente como produtor de cultura musical" (p. 37).

Conforme sugere PALLASMAA (1990), a arte, por um lado reflete a realidade cultural e, por outro, explora novas fronteiras da experiência e da compreensão. Nas suas palavras, "a arte constitui, ao mesmo tempo, a memória e a consciência da cultura" (p. 49).

A arte para o homem pode ser vista como uma constante assimilação do seu "eu" e sua participação na cultuação das realizações culturais de seu povo, bem como música, artes plásticas e artes cênicas aliadas ao seu contexto social, que é o folclore, manifestação maior de sua cultura.

Como elemento de educação, "a música é uma das formas artísticas que expressa o processo de construção do homem no seu relacionamento com a sociedade" (GROSSI, 1990, p. 45). A compreensão da música como elemento expressivo e representativo se dá por meio da relação cultural homem × sociedade e das atividades organizadas em razão dessa influência, resultando no processo ensino-aprendizagem.

A música também contribui para o desenvolvimento de vários aspectos, como coordenação motora, raciocínio lógico e socialização. Porém, possui corpo próprio e sua importância como forma de arte. Música é conhecimento, é também um fim, e não somente um meio para o desenvolvimento de outras atividades e funções.

KOELLREUTTER (1998) fala sobre a importância da música como conhecimento estático e sentimento, ao defender a tese de que a música contribui para a formação do homem como instrumento de educação.

Até o momento, pode-se perceber a concordância de vários autores em afirmar a contribuição da música para a formação do ser humano, tornando-se um fator de extrema importância no processo educacional.

SCHAFER (1991) admite a importância da música também para a sociabilidade, mas adverte: "Em si mesma, a música é fundamentalmente amoral. Não é boa nem ruim e também não existem evidências conclusivas relacionando o caráter humano a preferências estéticas" (p. 294). O que é bom para uma pessoa pode ser ruim para outra. Não haverá nunca uma só atitude de apreciação musical, pois dela dependem a individualidade e a influência cultural.

A mente humana, portanto, é criativa e pode associar várias ideias sobre a mesma questão.

Esse pensamento criativo e divergente é que organizará as experiências vividas, proporcionando uma apreensão significativa de conceitos. A música é um dos meios para alcançar essa educação da pessoa integral, criativa e crítica, gerando resultados positivos pela adequação das atividades e da postura reflexiva e crítica desse processo problematizador, facilitando aprendizagem, propiciando situações enriquecedoras e organizando experiências que garantam a expressividade do educando.

Paralela ou anteriormente ao desenvolvimento da criatividade, o processo educacional em música precisa trabalhar também a capacidade perceptiva do ser humano.

O processo perceptivo refere-se à forma como o homem percebe o mundo em que vive e a forma como existe neste mundo. A partir dessa reflexão é que ele tem subsídios para promover as adequações que lhe são próprias, em sua condição de sujeito transformador e criador de cultura.

Para FONSECA (1990), a experiência de vida é fundamental no processo perceptivo, pois a percepção é um processo de dados sensoriais.

GROSSI (1990) fala sobre o papel da percepção na educação musical, mencionando que o conhecimento perceptivo "resultará no crescimento das capacidades de estruturar e discriminar os elementos" (p. 49).

DUARTE JR. (1988) diz que o sentir é anterior ao pensar e compreender aspectos perceptivos (internos e externos) e aspectos emocionais. Nesses termos, antes de ser razão, o homem é emoção. Daí a importância de experimentar antes de concluir. Aprender é, antes de mais nada, perceber. A percepção conduz a todas as áreas mentais associadas ao pensamento, ao conhecimento, à recordação, desde que se efetive a relação entre observar e transferir, entre perceber e realizar. Para isso, se faz necessário que o processo de aprendizagem propicie ao aluno situações de vivências, atividades que estimulem a percepção, para que possa construir conceitos pela experiência e pelo fazer musical.

O contrário, a construção de uma educação que despreza a vivência e destrói toda a sua possibilidade de busca, criatividade e descoberta, provavelmente ocasionará desinteresse e frustração, o que FERNANDEZ (1990) define como aprisionamento da inteligência. O conteúdo trabalhado deve ser significativo para o aluno, possibilitando-lhe relacioná-lo a algum conhecimento prévio ou com aprendizagens anteriores. Se a situação de aprendizagem não apresenta resultados satisfatórios, tem-se como consequência uma informação mal ordenada e sem aplicação. Por isso, "pensar num processo de ensino-aprendizagem musical significa pensar quais as habilidades, quais os conceitos e princípios estruturais, quais as atitudes que o fazer música impõe como irrefutáveis, devendo ser desenvolvidos nesse processo" (SANTOS, 1986, p. 9).

Para identificar essas atitudes "irrefutáveis", isto é, a capacidade que os professores devem adquirir para ajudar seus alunos na obtenção das metas do processo, TAFURI (1987) sugere que partamos nos cursos de formação dos objetivos da educação musical nas escolas primárias. Nas suas palavras: "isto significa oferecer aos professores, num nível mais avançado, experiências musicais similares àquelas que propiciarão aos alunos, dar-lhes a base e os meios didáticos-metodológicos para oferecer e guiar essas experiências, ao mesmo tempo, que propõe e inventam outras" (p. 38).

Esse autor identifica e classifica quatro objetivos básicos para o ensino musical:
- Conhecer como perceber;
- Conhecer como compreender;
- Conhecer como reproduzir;
- Conhecer como criar.

Partir da percepção para a análise do material sonoro-rítmico percebido, até a vinculação dele com os significados e a transferência e a organização destes, dando-lhes forma e resultando na execução do objeto construído. Segundo TAFURI, esses quatro objetivos podem ser considerados autônomos, interatuando entre si. Em suas palavras, "uma percepção refinada também melhora a compreensão e produção e vice-versa" (p. 39). Nesse contexto, MARTINS (1991) afirma: "O processo percepção-expressão está dicotomizado, o que tem causado sérios problemas".

"Muitos músicos são obstinados pelo perceber, pelo sentir; outros, pelo expressar, pelo fazer. Os que se preocupam demasiadamente com o sentir têm dificuldade em como fazer música; e os extremamente preocupados com o fazer musical o fazem sem saber por que ou sem sentir" (p. 22).

Para a efetivação desta relação entre o perceber e o fazer, FONTERRADA (1998, p. 58) sugere que direcionemos nosso trabalho de educadores musicais à relação que nosso aluno mantém com a música, sua preferência musical, sua percepção, sua sensibilidade, a maneira como organiza seu fazer musical, sua forma de expressar e se comunicar. Feita essa relação, o processo ensino-aprendizagem resultará significativo e estruturado.

Em contrapartida, portanto, se o aluno abandona todo esse processo de ensino musical, é porque vem sofrendo uma série de problemas, os quais interferem na sua resistência quanto ao estudo da música.

Segundo FERREIRA, as ações desenvolvidas estão relacionadas, dialeticamente, à formação do professor e, por isso mesmo, sujeitas ao sucesso ou ao fracasso.

Acredito que as ações educacionais só alcançam sucesso com a participação competente do professor, que é constituída não só pelo processo de sua formação escolar como também por seus conhecimentos construídos nas experiências sociais.

Segundo EISNER (1979), ao realizar atividades artísticas, as crianças desenvolvem autoestima e autonomia, sentimento de empatia, capacidade de simbolizar, analisar, avaliar e fazer julgamentos e um pensamento mais flexível; também desenvolvem o senso estético e as habilidades específicas da área artística, tornam-se capazes de expressar melhor ideias e sentimentos, passam a compreender as relações entre partes e todo e a entender que as artes são uma forma diferente de conhecer e interpretar o mundo.

Não podemos reproduzir na escola o que os meios de comunicação impõem, uma vez que o que vale neles é o critério de mercado, e não a qualidade do produto.

O objetivo é socializar os bens culturais, familiarizar os alunos com a produção artística a qual não eles têm acesso pela mídia.

3

Um mosaico musical

Você já parou para pensar como seria mais produtivo se você tivesse um mapeamento das expectativas de aprendizagem e perfis de seus alunos? E se houvesse uma pergunta poderosa que o ajudasse na hora de um trancamento? Já imaginou como seria maravilhoso se seu cliente se tornasse seu colaborador? Tudo isso é possível, e estas são minhas Notas de Sucesso!
"Música para todos"

Bianca Passos de Amorim

Bianca Passos de Amorim

Diretora administrativa da Academia de Música e Desenho Arte com Júbilo, palestrante e mentora do seminário "Desenvolvendo seu talento" e graduanda na área Financeira, acredita plenamente que duas das pessoas muito importantes em sua vida, em meio a tantas outras (mas a essas guarda na memória e no coração – Jandoí Passos (mãe) e Maria da Conceição (avó) – as quais agradece pelo amor e pelo cuidado dedicado a ela e ao seu irmão Jorge William), se orgulhariam ao ver o que tem realizado na Baixada Fluminense no Rio de Janeiro por meio da Arte, assim como seu filho Nicolas e seu esposo Dennis Amorim. Bianca, ainda quando estudava Direito, encontrou nesse projeto um ideal de futuro pelo qual valeria a pena dedicar sua vida. Percebeu que pela Arte poderia ajudar a transformar positivamente pessoas de qualquer faixa etária e contribuir para uma sociedade melhor. Hoje, também atua proferindo palestras pelo Brasil, compartilhando o segredo de seu sucesso e ajudando pessoas.

Contatos
artecomjubilo.com.br
bianca.mentoria@gmail.com

Podemos dizer que o aprendizado da música e, por que não dizer, também do desenho (ramo em que também atuo) está voltado para pessoas que veem muito além da Arte, muito além da cultura, muito além de seus instrumentos, muito além da música; veem em suas aulas um tempo investido em qualidade de vida...

Há controvérsias, mas alguns especialistas acreditam que, a partir da 13ª semana gestacional, o bebê já é sensível aos sons. O som faz parte de todas as fases da vida do ser humano, mesmo que muitas das vezes ele não perceba... Quase tudo em nossa vida tem uma "trilha sonora". Quem não se lembra de uma música que marcou uma fase da vida? Um som... Um simples e poderoso som é capaz de marcar e transformar a vida do ser humano. Essa foi a inspiração que me levou a ser uma empresária de sucesso nesse ramo, mesmo não sendo uma musicista.

A música começou a ganhar o merecido destaque e espaço na mídia, e os mais diversos profissionais (pessoas públicas muitas vezes) aparecem posando elegantemente para fotos, exibindo seus belíssimos instrumentos e seu nobre talento. Consequentemente, o ensino de música começou a ganhar clientes que outrora não tinha, e a pergunta que faço é: será que estamos preparados para recebê-los em nossos cursos e atender a suas expectativas?

Que maravilha ver o ministro do Supremo Tribunal Federal (STF) Luiz Fux tocando guitarra (com banda) em homenagem a Joaquim Barbosa, que tomou posse como presidente do Tribunal naquela ocasião. Ver nosso craque do futebol Neymar Júnior se divertindo, dedilhando um piano. Admirar o Dr. Malcolm Montgomery, médico e escritor, com sua guitarra em palestras direcionadas a jovens e seus pais. E quem não se surpreendeu com a alegria e a intimidade com o microfone do presidente Barack Obama, comandando uma apresentação de música na Casa Branca, a última de seu governo? São tantos exemplos... E mais! Quem pode se esquecer de um feito histórico no final de 2016, o anúncio do Nobel de Literatura, cujo vencedor foi um músico, Bob Dylan – cantor e compositor norte-americano. Esses são alguns exemplos de profissionais dedicados e excelentes em seus respectivos ramos de atividades, mas que têm em comum a paixão pela música!

Temos trabalhado intensamente no dia a dia da empresa para formar profissionais, ter um serviço de atendimento excelente, lutar contra a inadimplência e a evasão no primeiro trimestre. Esses são nossos alvos principais e merecem toda a nossa atenção (mas a experiência nos trouxe habilidades para solucioná-los e contorná-los). Porém, um fato chamou-nos a atenção: a mudança do perfil de nossos clientes.

Com a chegada de um novo tempo, que mais parece um "mosaico musical", uma escola tem de estar preparada para atender às diversas expectativas de alunos em relação ao aprendizado da música. Por exemplo, anos atrás, solos virtuosos das guitarras e de outros instrumentos eram o que mais chamava a atenção na busca do aprendizado da música. Hoje, não os desmerecendo nem sendo eles menos importantes, parece que o conceito minimalista também está em voga no segmento da música. Encontramos um público adepto de algo que é simples e elementar, mas com significados profundos e tão importantes quanto os virtuosos. Passamos a ser em nossos cursos de música essa mistura de vários perfis de alunos (virtuosos, minimalistas, interativos, entre outros). Chegamos a dizer que as escolas que não se adaptarem a isso terão dificuldades para sobreviver. Então, criamos uma ferramenta que visa detectar os "seis diferentes perfis de pessoas interessadas no aprendizado musical" e com ela fazemos uma análise de seu perfil, por meio da qual é possível escolher a melhor abordagem no processo ensino-aprendizagem, bem como a metodologia mais adequada e o melhor profissional a trabalhar com cada aluno.

Sabemos que subjetivamente ou não, as escolas eram escolhidas por um determinado perfil de ensino ou por sua "comunidade de músicos" – escolas de rock, escolas clássicas, escolas de MPB, etc. Não é objetivo de nossa ferramenta padronizar ou unificar os diferentes gostos musicais, mas detectar as diferentes expectativas dos alunos em relação ao que querem "receber" no curso em que se matricularam, seja lá qual for seu gosto pela música.

"O segredo é ouvir... Transforme seu aluno em um colaborador"

Busco, sempre que possível, atender pessoalmente a meu cliente (ou seu responsável), principalmente quando há solicitação de trancamento de matrícula. Faço questão de recebê-lo em minha sala, ouço seus motivos e quase sempre consigo fazê-lo rever sua ideia... Percebo que muitas vezes a música (a aula de música) é tão importante na rotina e na vida desse aluno que o curso vai muito além de aprender um instrumento.

Nosso curso já desenvolveu alunos que são referências no cenário musical como o que foi finalista do *Got Talent* Brasil, da Rede Record, outro que se apresentou em um dos maiores eventos musicais do mundo, o Rock in Rio, alguns que são músicos na área militar, muitos que são ministros de música em suas igrejas, mas grande parte dos resultados positivos alcançados pelos educadores treinados em nossa empresa não pode ser vista por outros – ou nem sempre podem – nem dão ibope. Contudo, não são menos importantes. Verificando o diário de aula de nossos colaboradores, já me deparei com a seguinte declaração: "... Hoje meu aluno só quis desabafar, pediu para que somente eu tocasse para ele, pois recebeu uma notícia ruim e veio para a aula somente para sentir-se melhor...". Essas são algumas das melhores aulas já lecionadas, mas nem sempre seus benefícios são visíveis a todos ao redor. Sinceramente, acho isso incrível!

Mas você pode me perguntar: "Todas as aulas de música têm esse poder? Em qualquer escola é assim?". Não! Não é. Não é mágica! E cabe aqui uma reflexão. Associar essa visão de trabalho ao cronograma não é fácil. Contudo, é necessário buscar entender o verdadeiro "por que" de o aluno ou seu responsável procurar sua empresa (e não outra). Então... pare para ouvir. Esse é um dos segredos para transformar seu aluno em um colaborador do seu trabalho! Busque, em primeiro lugar, "ouvir o que você não quer ouvir". Acredite! Cliente que "fala" (para você especificamente) é o melhor. Verdade! Quando seu cliente o procura para fazer uma reclamação, é porque gosta de seu serviço, só gostaria que fosse melhor! Na verdade, ele vê em sua empresa potencial de melhorar. Então, ouça para crescer!

Quando você receber em sua sala aquele cliente bem "cricri" (aquele que ninguém da empresa quer atender), aquele cliente exigente, que não mede as palavras, ouça-o, filtre as informações e transforme-as em combustível para sua empresa. Você vai se surpreender! Lembro-me de receber em nossa escola uma mãe trazendo seu filho para uma aula experimental. Era séria, de poucas palavras e muito bem-vestida; ela observava tudo muito atentamente. Fazia várias perguntas sobre tudo e mostrava-se nada simpática (confesso que fiquei bastante desconfortável e até pensei em dispensá-la – disse para nossa secretária: "Se fizermos essa matrícula, ela vai arrumar um problema por semana..."). Fiquei intrigada, achei que tinha "algo" que não estava conseguindo captar... Então, pedi a ela que me acompanhasse sozinha até minha sala e, com muita sabedoria e jeito, perguntei se ela "realmente" desejava realizar aquela matrícula. Procurei saber se alguma coisa a tinha desagradado. Pensava no motivo por que ela havia nos procurado...

Em pouco tempo, vi aquela firme e elegante mulher "se desmontar em lágrimas" e me dizer que precisava de ajuda para ela e para seu filho. Ouvi-a longamente e disse que faríamos o que estivesse em nossas mãos para servi-los com nosso melhor. O tempo passou, e ganhamos uma cliente fiel, amiga, defensora e divulgadora de nosso trabalho. E, quando algo não ia bem na empresa, eu e meu marido éramos os primeiros a saber! Ela agia como se a empresa fosse dela também! Assim entendi o que muitos já dizem, o cliente quer ser ouvido! Então, ouça-o e seja a solução para o seu cliente!

É difícil, demanda algum tempo, requer uma escuta ativa e estruturada, mas vale muito a pena. Claro que me refiro aos clientes que questionam ou compartilham assuntos realmente relevantes, que possam produzir crescimento tanto para o cliente quanto para a empresa. Já atendi aos mais variados casos.

Recentemente, vivi uma situação muito engraçada. Ao me despedir da mãe de uma aluna, após um "longo atendimento", ela sorriu, agradecendo muito, me abraçou e disse: "Quanto te devo?!". Sem entender ao certo, eu disse: "Como assim?... Nada!". E ela (enxugando as lágrimas e sorrindo ao mesmo tempo) me respondeu: "Minha terapeuta me cobraria uma fortuna, para me ouvir tanto tempo... Muito obrigada!".

Ao final daquela semana, recebi a notícia de que fizemos algumas matrículas por indicação daquela mulher. Hoje temos inúmeros clientes com esse perfil.

Uma pergunta errada nunca trará uma resposta certa

Vivemos diariamente aqui na empresa, novidades e experiências sensacionais na busca de respostas para a pergunta: Por que você decidiu estudar música?! Essa é uma pergunta poderosa. Você pode pensar: "só essa pergunta poderá me ajudar?". Sim. Pois não é necessário um repertório de perguntas para detectar aonde o cliente quer chegar. Lembro-me de algumas vezes me chatear quando um médico me perguntava: "Bem, o que a senhora veio fazer aqui?". Confesso que tinha vontade de responder: "Bem... Acho que vim dar um passeio, pois não tinha mais nada para fazer". Mas o que ele estava realmente me perguntando era: "O que você deseja que seja solucionado...?".

Ouvindo as minhas respostas, aquele médico faria um prognóstico e saberia os procedimentos a serem tomados. Veja, a pergunta é a mesma. Feita somente de outra forma e em outro ramo. Tenho certeza de que sua visão sobre o que a "sua aula de música" pode causar na vida das pessoas será ampliada, e parte dos seus trancamentos poderá ser evitada e até mesmo revertida quando, ao fazer essa pergunta, de forma simples e direta, você obtiver as respostas que revelam o motivo por que seu aluno resolveu aprender música. Para minha surpresa, ouvi as mais incríveis e tocantes respostas... Vou compartilhar algumas com você. Veja o que já ouvimos de nossos alunos.

"Tenho uma filha adolescente, e nosso diálogo está impossível... Percebi que, quando o papo é música, temos assunto! Achei uma maneira de me aproximar de minha filha..." (Ouvi de um aluno que matriculou sua filha de 16 anos)

"Espero ansiosamente por este dia! Coloquei minha aula para depois do dia de trabalho mais estressante da semana. Renova minhas forças." (Ouvi de uma aluna que é Psiquiatra)

"Vou começar a cantar algumas músicas na banda, e temos uma longa agenda para cumprir. Preciso de ajuda para assumir essa nova função..." (Ouvi de um músico percussionista e integrante de uma banda de pagode famosa aqui no Rio de Janeiro)

"Estava buscando uma 'terapia alternativa' para meu filho. Ao ouvir minha história, o coordenador Dennis me disse que meu filho já estava sendo acompanhado por bons terapeutas e que ele não necessitava entrar em mais um ambiente com foco em terapia, e sim em um ambiente com foco no talento que ele possui. Ele continuou: 'Seu filho pode aprender música!'. Nunca vou esquecer de meu filho falar baixinho no meu ouvido: 'Mãe, quero ficar aqui. Gostei. Eles me tratam como uma pessoa normal'. Então, resolvi colocá-lo na aula de canto, e ele tem se esforçado ao máximo para ler corretamente as palavras da música que quer cantar. Estou tendo resultados com a música que outrora ainda não havia obtido com ele em outros lugares. Esta semana chorei, fiquei muito emocionada quando ele leu sozinho as palavras 'subentendido e abstrato'... Quem tem um filho especial sabe exatamente do que estou falando." (Ouvi da mãe de um aluno que estuda canto e violão conosco)

Situações como essas nos incentivam a continuar e valorizar esse trabalho tão importante de educar pela Arte.

Cuide bem de você

Em um de nossos seminários "Desenvolvendo seu talento", fizeram a seguinte pergunta: "Vocês não têm problemas? Dificuldades?" Sim... Temos muitos... Vocês não imaginam quantos! Mas não nos deixamos dominar por eles! Procuro pensamentos que gerem em mim atitudes vencedoras em meio às dificuldades... Tenho algumas mentoras, mulheres que me inspiram em várias áreas da minha vida. Mulheres de sucesso, mulheres vencedoras; dentre elas, Luiza Helena Trajano (Magazine Luiza), Leila Velez (Beleza Natural), Chieko Aoki (Blue Tree Hotels), Pra. Christina Gregório (Min. Apascentar de Nova Iguaçu)... Mulheres incríveis. Mulheres como eu. Busco sempre aprender com elas! Leio e ouço tudo o que posso sobre suas experiências, o que pensam e ensinam. Dedico horas a assisti-las em entrevistas, congressos para empresários, fórum de empreendedores... E sempre aprendo algo novo. Algumas delas nunca vi ou falei, mas seus conselhos me encorajam, me advertem, me animam e me impulsionam a querer me aperfeiçoar a cada dia.

Compartilho aqui alguns pensamentos que realmente geram em mim atitudes vencedoras em meio às dificuldades...

- Seja um sucesso na vida de alguém... isso é sucesso.
- Valorize-se. Valorize seu esforço, seu trabalho, seu tempo, defenda sua profissão! Pessoas dependem daquilo que você faz! Seu trabalho é tão importante quanto o de um engenheiro, um médico... Faça a diferença;
- Existe vitória na persistência... Seja fruto da perseverança;
- Tenha fé em Deus e coragem para acreditar que você vai conseguir! (mesmo que as circunstâncias mostrem o contrário);
- Faça sempre o melhor, porém haverá aqueles que se aborrecerão com seu sucesso... Continue se empenhando em fazer o melhor;
- Seja seletivo. Cerque-se de pessoas verdadeiras! Não bajuladores! Existem pessoas que realmente desejam que você vá além... Ache-as... Elas o ajudarão no dia do desânimo.

Foi duro... Mas conseguimos! Hoje somos procurados por empresários dos mais diversos setores no Brasil inteiro e compartilhamos experiências e conhecimentos adquiridos em nossa empresa. Insista e invista. Você também pode conseguir! É sensacional! Eu faria tudo de novo!

4

O grande desafio

Uma filha exclama para o pai: "Este é meu namorado!"
O pai: "Olá... Você é médico... Advogado?"
Bem firme, o rapaz responde: "Sou educador musical"
O pai incrédulo diz: "Isso pode dar um bom futuro meu rapaz?!"
Acredite... Esse pai não tem culpa! É dessa forma direta que venho falar de alguns dos grandes desafios para um empresário nesse ramo e, entre eles, o que considero "o grande desafio"

Denisclei Oliveira de Amorim

Denisclei Oliveira de Amorim

Diretor da Academia de Música e Desenho Arte com Júbilo, *coach executive business* pela International School of Coach, analista comportamental, produtor artístico e musical, compositor, músico, discente em Psicologia, palestrante e criador do seminário "Desenvolvendo o seu talento", com foco em liderança e capacitação pessoal. Em 1999 abriu mão da estatal em que trabalhava (Petrobras S/A) e, inicialmente na casa dos seus pais (dona Davina e seu Natanael – a quem é grato pelo apoio, bem como a sua irmã Priscila Maelí), passa a Educar pela Arte. Sua esposa e sócia Bianca Amorim e seu filho Nicolas Rosh são suas fontes de força e estímulo. Sua expertise é alcançar resultados magníficos começando do zero e desenvolver talentos que se encontram limitados. Dennis Amorim possui o título de Cidadão Benemérito da Cidade de Nilópolis, recebido pelo excelente trabalho prestado pela Arte e pela Cultura em sua cidade.

Contatos
artecomjubilo.com.br
dennis.mentoria@gmail.com

Aceitação do mercado

Enquanto a sociedade não nos reconhecer como uma grande corporação, gerando oportunidade de negócios lucrativos para ela, dificilmente a mentalidade daquele pai vai mudar.

Embora o que vou dizer não seja tudo o que uma pessoa precisa saber a respeito do mercado, acredito que seja um bom começo lembrar que ele se movimenta conforme o interesse, ou não, de uma sociedade e às vezes do próprio mercado. Em um futuro breve, os ramos de maior interesse social serão: arte, entretenimento e terapia. No momento sentimos apenas umas gotículas disso, mas já começou, a sociedade sente-se cada vez mais carente de algo que a preencha, e a Arte, com as outras duas áreas citadas, é um bom caminho para amenizar as dores da vida real. Como consequência disso, os profissionais mais bem remunerados e as grandes oportunidades de emprego e negócio serão para os que atuam nessa área. No momento o que sabemos é que esse ramo é bem sazonal.

Valorização da educação

O ramo da educação, de forma geral, com um agravante que passa pela falta de senso de muitas pessoas sobre a importância da "arte para todos", é um grande desafio a ser superado. Tal desvalorização parece gerar no inconsciente coletivo o seguinte pensamento: "Se tiver de cortar alguma coisa do orçamento, entre todos os cursos que pago, o menos funcional para o dia a dia é a arte". Isso é uma inverdade.

Em outros casos isso ocorre por causa do próprio educador musical. Muitos alunos, por achar o preço dos cursos de música "caro" (só não calculam os custos de uma empresa: luz, aluguel, água, treinamentos dos instrutores, impostos, taxas, funcionários, etc.), abordam os instrutores em salas de aula pedindo aulas particulares com preços "mais em conta"... Esses instrutores aceitam essas abordagens sem considerar que não é mérito individual suas aulas serem excelentes dentro do curso, pois existe toda uma equipe por trás fornecendo-lhes o suporte necessário para que pensem somente em seu plano de aula, e acabam embarcando em um caminho de autossabotagem e desvalorização para o ramo do ensino da arte, visto que mais à frente, quando abrirem seus próprios empreendimentos, seus "colaboradores" vão seguir o mesmo caminho ou, quando o aluno achar outro educador com preço mais em conta oferecendo um serviço mediano, vai mudar de "profissional", criando um ciclo nocivo que não valoriza nem contribui para o crescimento de nossa categoria. Eu tenho a ousadia de dizer que essa desvalorização também ocorre com os músicos de excelência quando são descartados por um produtor artístico e/ou musical que quer fazer seu evento ou gravação e encontra para isso um músico que é mediano com preço lá embaixo. Mas, se a sociedade compra e os produtores fecham o contrato... fazer o quê?! Por isso, considero a mão de obra, que em nosso ramo é especializada, o maior de todos os desafios, o grande desafio, em muitos casos um calcanhar de Aquiles, pois existem várias facetas dessa questão a ser levadas em consideração, o que torna esse tema extenso para ser totalmente abordado em um artigo.

Educadores comprometidos com a empresa

Um curso não é feito somente de um educador. Por melhor educador que você seja, mesmo que ensine mais de um instrumento, para que sua escola cresça, precisará contratar outros educadores, e aí, meu amigo, é onde começa o que considero o maior de todos os desafios. Sempre tivemos de "garimpar" bastante para achar pessoas comprometidas com a empresa, com os alunos e que gostassem de fazer da arte sua profissão, e não um "bico", tentando conciliar com nossa proposta de retribuição.

Costumo dizer aos educadores de nossa empresa: "Trabalho para sua vida melhorar, pois, se a sua vida melhorar e houver parceria entre nós, aumentará a visibilidade do curso e melhorará a forma como as pessoas pensam a nosso respeito como educadores e a respeito da música como profissão. Assim ocorrerá o ganha – ganha – ganha – ganha (a música, o curso, os educadores e os alunos)".

Sabemos que nossos educadores ainda não ganham o que merecem, ou pelo menos o que achamos e gostaríamos que ganhassem, mas temos duas filosofias que vão além da hora aula: 1. "nós" somos mais que "eu"; 2. seja grato. Crescer sozinho não é difícil (se é que dá para alguém crescer sozinho). Crescer levando um grupo é outra história. Nossos educadores, além de terem registro em carteira (o que não é nenhum favor), têm plano de assistência médica e premiações de incentivo, como tirar a carteira de habilitação para aquisição de um carro; compra de veículo para outro; melhorias em seus imóveis; compra de eletrodomésticos como máquina de lavar e ar-condicionado, entre muitas retribuições que já demos ao longo do tempo... Recentemente premiamos e homenageamos um educador pelo excelente serviço prestado com a ajuda financeira para a realização de sua festa de casamento e outro com três dias com pensão completa em um resort na região serrana do Rio de Janeiro, com sua esposa. Sempre pensando no princípio de externar nossa gratidão a quem tem excelentes serviços prestados em nosso curso. Claro que com base numa linha de conduta, em harmonia com a missão e a visão descrita em nosso manual de atendimento padrão e conduta da empresa. É importante saber que nem sempre se acerta em relação às pessoas que você acha que estão comprometidas com a empresa, existe muita terra ruim. Trabalhei com um instrutor musical durante anos, e mais tarde descobrimos que era o que mais jogava contra a empresa. Escondia-se atrás de sua pouca fala e usava o fato de ser próximo da liderança. Lembre-se, campeão: "Resiliência é uma palavra-chave que o empresário no Brasil tem de aprender o mais rapidamente possível".

Como dizia Myles Monroe, "Para dar certo tudo depende de em que mão está". Não é porque está dando certo com você que, se outros fizerem a mesma coisa da mesma forma, vai dar certo também. Não é uma receita de bolo como muitos pensam. Para dizer: "Sou dono de uma escola de música, desenho, dança e outras artes", não basta ter um MEI (não desmerecendo esse registro), o desafio está em águas mais profundas. Estar à frente de uma Ltda-ME, mesmo com o Simples Nacional, não é fácil para ninguém, seja em que ramo for, não é brincadeira. Todo empresário de verdade sabe onde a corda aperta... Ela aperta bem no pescoço dele. Por isso, é necessário entender que o seu grande desafio é fazer o seu educador ter consciência de que ele precisa ser mais do que é com o instrumento na mão. É necessário desenvolver a alma de educador musical a ponto de fazer com que cada um se comprometa em ser um bom exemplo dentro e fora de sua empresa, sabendo da responsabilidade que é ser um formador de opinião. Entenda: Não é o músico por trás do instrumento que deve ser somente considerado, e sim a pessoa que há dentro do músico e outros fatores que devem ter a sua devida atenção.

Para isso nós desenvolvemos um manual de atendimento padrão que vem propiciar qualidade e eficácia aos processos, e aqueles que não se adequam a ele, por mais "estrelas" que tenham em seus ombros e no currículo, não farão parte de nossa equipe. Pode parecer radical, mas saiba que uma laranja ruim contamina todas as outras, e no final sabemos que quem vai à falência é a empresa, e não o educador, que sairá dali para trabalhar no seu concorrente ou em aulas particulares.

Em contrapartida, há muitas coisas positivas para contar. Em nossa empresa já existe um grupo de educadores, são eles: Vinicius Fonseca, Alex Nunes, Jorge Nassar, Noemi Dória, que desejamos que sejam os líderes das próximas filiais e já estão sendo preparados para isso.

Saiba que o que limita um educador não é o instrumento; precisamos percebê-lo além da música. Nosso maior desafio ainda é o capital humano, e após achá-lo é preciso lapidar até a exaustão para chegar próximo ao que acreditamos ser um perfil de educador que contribui positivamente para formar mais que músicos, pessoas melhores. Uma das frases mais usadas em nosso curso de liderança e treinamento de instrutores é: "Um educador não veste o uniforme do time de educadores quando entra na sala de aula e tira quando sai dela, ele é educador dentro e fora do estabelecimento, é um formador de opinião e sempre é visto como tal em ambientes externos". Todos os instrutores são treinados diretamente por mim para que tenhamos a mesma visão e comunicação dentro de uma abordagem humanista o mais próximo da luz do olhar dos nossos alunos.

Crescimento dentro de uma sociedade familiar

Minha sócia e esposa Bianca Amorim estará falando em seu artigo neste livro a respeito de ir "Muito além da música", isso o ajudará a criar um ambiente familiar em sua empresa, caso essa seja sua intenção (esse é um conteúdo extremamente relevante para o tempo atual que mais parece um grande mosaico musical). Em relação à sociedade empresarial, apesar de uma empresa familiar ser considerada por alguns mais difícil de ser tocada no mundo empresarial, existem suas vantagens. Uma delas é a de poder ter a visão e a percepção do mesmo ambiente com olhares diferenciados, mais acentuados por serem feitos pelo sexo oposto, o que contribui positivamente para o crescimento. Como isso pode ocorrer?! Vou lhe dar um exemplo simples que poderá ser um exercício a ser feito. Se você for a um *shopping* com sua esposa, namorada ou até uma amiga e no caminho de volta cada um relatar o que viu e percebeu, entenderá como a experiência a dois traz mais conhecimento do mesmo lugar do que individualmente e como aquele ambiente é percebido de forma diferente por cada pessoa, até mesmo porque determinados lugares desse ambiente são preparados para sexos opostos, de forma a mantê-los mais tempo ali, resultando na venda de um serviço ou produto. Então, se você trabalha com sua esposa, namorada ou sócia, pergunte a ela: "O que você está percebendo que eu não estou?". E vice-versa. Não estou aqui dizendo que uma sociedade empresarial constituída por pessoas de sexo oposto dará mais resultado; estou apenas mostrando que existe, entre vários outros aspectos, um fator diferenciado que muitos não utilizam. O desafio aqui é conciliar a vida do trabalho com a vida de casa, pois separar o papel de sócios do papel de cônjuges não é tão simples. É preciso tomar muito cuidado para as coisas não se misturarem (o que às vezes ocorre) de forma a prejudicar o relacionamento conjugal e empresarial. Minha dica é: até chegar em casa, deixe o empresário no meio do caminho.

Colha os frutos da perseverança

"Do nada... Como assim do nada?!... Como nos contos de fada, em que com um estalar de dedos tudo aparece?!... Não, na vida real uma grande história não é feita assim de uma hora para outra".

Após 18 anos de dedicação, esforço e muita luta para realizar meu propósito – pois creio que o segredo de uma vida bem-sucedida está na essência de sua criação –, sendo sempre muito determinado (apesar de muitas vezes parecer atravessar cercas de arames farpados, o que não precisa ser assim), mas sempre muito decidido a alcançar aquilo que acreditava ter nascido para fazer, transformar pessoas através do ensino da Arte e após muitas frustrações para estabelecer minha empresa no cenário artístico e musical, que é tão sazonal, e de ter aberto mão de continuar trabalhando numa grande empresa (Petrobras no ano de 1999), largando tudo para seguir o caminho de educador, mesmo após menções honrosas e títulos recebidos pelo excelente trabalho realizado em nossa cidade, ainda encontrei pessoas que, ao olhar para nossa empresa situada em um prédio de quatro andares no coração da cidade de Nilópolis/RJ e atualmente com doze colaboradores bem treinados, com carteira assinada, trabalhando com uma das quatro melhores metodologias da América Latina, dizem: "Do nada eles conseguiram". Do nada? Como assim?! Se só para ler esse parágrafo já fiquei cansado. Esses foram os 18 anos que impactaram de forma tão profunda e positiva a minha vida, a da minha família, a de nossos educadores, a de mais de 4.439 alunos – atualmente 590 matriculados – e a de muitos instrutores musicais formados em nossa empresa. E você acha que como nos contos de fada, com um estalar de dedos, tudo apareceu?! Não... Há sempre grandes desafios que antecedem dias de vitória, e precisamos nos preparar para superá-los.

Embora muitos deles pareçam intransponíveis, podem ser superados pela persistência. Posso dizer que sou fruto da perseverança.

Se você é músico, ou não, está pensando em empreender e entendeu que é nessa área em que quer atuar, além das dicas já relatadas neste artigo, deixo aqui algumas outras para o empreendedor por trás do músico:

- Entenda que ser bom músico é diferente de ser bom gestor/administrador. Então, prepare-se, busque conhecimento do mercado e tenha a certeza de que nasceu para fazer isso;
- Se você é um empreendedor e não conhece esse ramo, entenda um pouco dessa forma de conhecimento chamada Arte. Procure alguém para completá-lo nesse assunto caso não vá se aprofundar, o que sugiro que faça pelo menos na teoria ou no conceito histórico;
- Pense como cliente, e não só como dono do negócio;
- Tenha sempre sede de inovação;
- Comece com o essencial e faça com excelência caso não tenha tudo que acha importante para começar;
- Tire o foco do sucesso e ponha no trabalho... Lembre-se: o que é sucesso para uns não é para outros.

Hoje as pessoas que chegam e conhecem a nossa empresa dizem que somos bem-sucedidos, mas já éramos bem-sucedidos dentro de nós quando não tínhamos nada disso. Então, sucesso para mim é se ver bem-sucedido por dentro, antes que aquilo que você deseja seja concretizado do lado de fora.

Termino minha nota de sucesso me espreguiçando, olhando para essa criação, como um pai ou uma mãe orgulhosa vendo seu filho pela primeira vez e desejando que ele seja uma influência positiva na vida de outras pessoas. Esse é o sublime momento de se escrever... Obrigado, amigo, por me permitir contribuir para que alcance o seu futuro bem-sucedido.

5

Despertar para o empreendedorismo

Nesta história conto um pouco da minha trajetória rumo ao empreendedorismo com um dos meus melhores amigos. Contudo, mais do que abordar negócios, as linhas a seguir falam sobre meu despertar para a vida, como me tornei o que sou hoje e o que passei para chegar até aqui

Denis Sá

Denis Sá

Cofundador da Enjoy, *leader training* e palestrante, em 1992, para superar a timidez, participou de teatros, o que facilitou seu desenvolvimento pessoal e sua comunicação. Seu gosto pela literatura mostrou sua verdadeira paixão: educação. Formado originalmente em Publicidade e com aperfeiçoamentos em cursos de motivação de alto impacto, como o Leader Training, em 1996, no Espírito Santo, atua há mais de 20 anos no segmento de educação, seguindo seu sonho. Formou-se em Marketing para conseguir continuar inspirando as pessoas com suas histórias, assim como nos livros em que lia. Em 2002, iniciou seu caminho nas escolas de idiomas com a Univercity Studios. E, após algum tempo, em 2006, abriu sua primeira escola, a ENJOY. Por acreditar que são os processos que fazem qualquer empresa se multiplicar, mas que são as pessoas que nos dão liberdade e tornam isso possível, acredita que o desenvolvimento de pessoas é a prioridade, passando esses valores para a Enjoy: pessoas melhores geram resultados melhores. Com esse lema, já conta com mais de oito escolas próprias estruturadas e lançou-se no modelo de *franchising*, com nove unidades implementadas e em funcionamento. Atualmente, seu time é composto de mais de 250 pessoas em todo o grupo Enjoy.

Contatos
www.cursoenjoy.com.br/
denis@cursoenjoy.com.br

Um homem de família. Nascido em Mauá, no ABC paulista, pai de quatro filhos e casado com o seu grande amor há 13 anos. Alguém que é realizado espiritual, pessoal e profissionalmente. Parece a vida perfeita, não é mesmo? Mas nem sempre foi assim. Muito tímido, tive de "aprender a me virar" e conseguir me comunicar com as pessoas. Em 1992, aos 17 anos, consegui um emprego em uma escola de cursos profissionalizantes e me apaixonei pelo trabalho. Em uma semana, ganhei o que em um mês minha mãe, com ensino superior e pós-graduação, não conseguia. Entretanto, assim como subi rápido as escadas para o sucesso, também desci até o mais baixo degrau possível: as drogas.

Em 2001, conheci meu irmão de coração, Oswaldo, na Comunidade Terapêutica Caminhar. Descobri que, além de nos darmos bem, tínhamos um sonho em comum: mudar a vida de muitos jovens pela educação. Esse virou nosso propósito de vida e também o início de nossa jornada de empreendedorismo. E, para mim, essa foi a salvação, minha vitória contra o vício e a possibilidade de recuperar o que sempre me foi tão sagrado: minha dignidade e minha família.

Da timidez à ilusão do sucesso e, por fim, a redenção: uma jornada de empreendedorismo

Conforme afirmei, minha ascensão no mundo dos negócios foi rápida e aconteceu muito cedo. De início, eu me apaixonei pelo trabalho com escolas de cursos profissionalizantes, pela diferença que eu fazia na vida dos jovens de escola pública. Mas também me apaixonei pela remuneração. Eu tinha a sorte de conseguir fazer o que me dava prazer por um salário digno depois de tanto tempo em trabalhos que não me alegravam, como ajudante em uma firma, *office-boy* e estoquista de uma loja de calçados. Embora este último tenha sido o que mais gostei, pois fui colocado em contato com as vendas e venci a timidez, descobrindo minha verdadeira vocação.

Aos 20 anos de idade, tive a oportunidade de me mudar para outro estado brasileiro e foi lá que vivi o que chamo de "ilusão do sucesso" como dizia Raul Seixas: eu acho isso uma grande piada e um tanto perigosa. Eu tinha um bom salário, fiz grandes amizades, tinha uma boa casa, nasceu meu primeiro filho - maravilhoso, um presente de Deus - e construí uma empresa que teve dez unidades. Entretanto, os cinco anos seguintes foram um período de altos e baixos em minha vida. Passei a viver na escravidão dos meus vícios e perdi totalmente o domínio de minha vida. De fato, eu me entreguei e cheguei ao ponto de fugir para a Bahia em busca de um "tratamento" em Porto Seguro.

Entretanto, em meio às tentativas de me tratar, eu apenas me complicava mais. E retornei a São Paulo, tentando me ocupar com o que eu sabia fazer melhor: vendas. Entretanto, eu não tinha, literalmente, forças para sobreviver a minha prisão sem grades. Foi apenas em 4 de abril de 2001 que, depois de tentativas e promessas frustradas de que eu iria parar de usar drogas, resolvi me render e procurar tratamento de verdade. Foi quando encontrei o Oswaldo, meu sócio e meu irmão de coração.

Nesse lugar, eu tive um despertar espiritual e passei a acreditar novamente em mim mesmo e vislumbrar um futuro melhor para mim, longe da dependência química. Essa foi a minha maior vitória, minha redenção. Foi na Comunidade Terapêutica Caminhar que reencontrei meu rumo e os sonhos que haviam sido deixados para trás, apagados pela luta constante contra o vício.

O Oswaldo tornou-se um grande amigo, e, quando, em 2002, eu já estava limpo e de volta ao mercado de trabalho, resolvi convidá-lo para ingressarmos em uma jornada de empreendedorismo - embora ainda não tivesse ideia de que esse seria nosso caminho - juntos. Iniciamos um trabalho comercial em uma rede de escolas de inglês, a Univercity Studios. Nosso objetivo era trazer jovens para estudar inglês, pois a escola era tradicionalmente voltada ao público adulto.

Esse foi o nosso primeiro trabalho em sociedade, e, em nosso primeiro ano de trabalho juntos, com minha expertise comercial e o *know-how* do Oswaldo em trabalhar com jovens, conseguimos colocar mais de 1.500 alunos matriculados na franquia de Sandro André, São Paulo - local em que, no futuro, abriríamos a segunda unidade da Enjoy.

Em seguida, montamos mais duas unidades com franqueados da Univercity Studios. Entretanto, éramos quatro sócios, e ninguém ganhava dinheiro de verdade. Mesmo assim, ainda montamos mais duas unidades nesse formato. Mas, com a falta de dinheiro e as divergências comportamentais que a sociedade acaba aflorando, tive um surto naquela época e resolvi sair da sociedade para prezar pela minha saúde física e mental.

Nenhum homem é uma ilha e é preciso saber pedir ajuda

Depois do meu trabalho com Oswaldo, percebi que eu tinha potencial, e minhas habilidades comerciais ainda estavam lá, apenas haviam adormecido pela doença química. E eu queria mais. Queria inspirar jovens com o meu propósito de vida, mostrar que era possível mudar e vencer, que havia perspectivas para eles, e estava ávido por mais conhecimento e crescimento profissional.

Com esses propósitos, comprei uma escola em São Bernardo do Campo, com a decisão de ser o dono - sozinho. Infelizmente, não consegui e estava quase falindo após seis meses, quando chamei Oswaldo de volta, e começamos a trabalhar juntos novamente. Percebi que nenhum homem é uma ilha, e é preciso saber pedir ajuda. E, mais do que isso, eu e Oswaldo trabalhávamos melhor em conjunto. Foi nessa época que começamos a visualizar uma escola independente de outros sócios e franquias, algo que seria só nosso, a nossa própria escola.

O ciclo da agonia: como montar um modelo de negócios sustentável

Em 2006, abrimos nossa própria escola, a primeira unidade da Enjoy, em São Bernardo do Campo. Para isso, desenvolvemos nosso curso próprio, além de modelos comercial, administrativo e pedagógico. Queríamos agregar valor aos alunos, transformar vidas e empreender com um modelo de negócios sustentável.

Na Enjoy, oferecíamos um curso de inglês profissionalizante que, além de aulas do idioma, oferecia conceitos administrativos vivenciados na prática. Estimulávamos um ambiente de valores que procurava cuidar das pessoas, cujo objetivo era transformar profissionais capacitados em agentes transformadores da própria realidade, a de seus familiares e de todos ao seu redor. Nosso objetivo sempre foi este: promover bem-estar para, acima de tudo, cuidar dos nossos jovens e fazê-los felizes.

Afinal, o maior exemplo que posso dar é o meu e de Oswaldo: só tínhamos o ensino médio, fomos viciados e chegamos ao fundo do poço. Entretanto, pelo estudo e pela persistência, conseguimos prosperar.

Entretanto, na jornada do empreendedorismo, nem tudo são flores. Vivemos diversas tentativas e fracassos no meio do caminho, era o que eu chamo de Ciclo da Agonia, pois, em nosso modelo de negócios original, estávamos dependentes das escolas públicas – onde divulgávamos os cursos – e, infelizmente, trabalhávamos muito e ganhávamos pouco. O motivo? A mensalidade era muito barata, e não conseguíamos promover a qualidade nem a estrutura que gostaríamos cobrando um preço tão baixo. Além disso, vivíamos com medo de greve, falta de água, férias escolares... Esse era nosso único ganha pão, e havia muitos fatores externos impedindo a prosperidade plena.

Resolvemos investir em equipe para que tivéssemos tempo de realmente empreender. Foi aqui que aconteceu uma "Deuscidência", quando conhecemos alguém que tinha trabalhado em um modelo de escola do jeito que imaginávamos: fugindo de escolas públicas e de cobrar pouco e focando em trabalhar o ano todo.

Foi logo após o Oswaldo fazer o Empretec que decidimos virar empresários de verdade e operar com um sistema do mesmo porte das grandes escolas. Por meio de pesquisa e televendas, aprendemos com o mercado e, depois de um ano de testes, altos e baixos, conseguimos construir uma equipe sólida. Estávamos fazendo mais de 100 matrículas por mês.

Por causa dessa nova conquista, decidimos fazer mais um teste. Em Santo André, só trabalhavam com curso para adultos, e a maior parte no período noturno. Decidimos, então, propor ao nosso sócio colocar outros alunos nos horários vagos: à tarde e aos sábados. Como resultado, em menos de seis meses, tivemos de mudar de prédio, tamanho o sucesso. Continuamos nesse prédio até hoje, que é nossa sede e também com o mesmo sócio, também em outro negócio, uma escola de cursos superintensivos para adultos falarem inglês em espaço de tempo curto, que já estamos escalando para o Brasil também.

Colhendo os frutos da nossa persistência
Em 2012, já estávamos com oito escolas próprias e mais de 8 mil alunos na rede. Mas não queríamos parar por aí. Em 2008, como em todos os anos, fizemos um curso de motivação de alto impacto; nesse ano, foi o de Programação Neurolinguística, que foi um grande impulsionador pessoal e profissional. Com isso, conseguimos criar nosso modelo de recrutamento e seleção em escala (Estratégia de Criatividade Disney).

Além disso, participamos do programa "Sete hábitos das pessoas altamente eficazes", na Frankllin Covey do Brasil. Principalmente para mim, esse foi um divisor de águas, pois ajudou não só a desenvolver a mim mesmo como também a nossa empresa, pois, além dos cursos na área pessoal, as leituras diárias para modificação do *mindset* ainda se fazem presentes.

Em razão desse hábito, deparei-me com a leitura de um livro chamado Metanoia (educação nos negócios) e, após uma seleção rigorosa, em 2012, fomos inseridos em uma jornada homônima de 13 meses, o que colaborou para a criação de nossos processos gerenciais e de marketing, mas sobretudo para o nosso processo de liderança e motivação, pois durante os primeiros quatro meses elaboramos a carta de valores da nossa empresa, aprendemos sobre gestão participativa e sentimos a necessidade ainda maior de partilhar nossos sonhos aos colaboradores.

A segunda etapa dessa jornada foi a hora de mergulhar na mente do cliente, e, para isso, entrevistamos mais de 1.500 alunos. Descobrimos, então, os sentimentos e as necessidades deles. A partir daí, nosso negócio voltou-se para realmente cuidar das pessoas e transformar suas vidas pela educação para valores.

Ao final da jornada, descobrimos o cavaleiro por trás da armadura, o líder, o ser humano que precisa aprender a cuidar do ser. O "ser para ter". De fato, esse curso foi transformador, mas, como eu e o Oswaldo somos muito intensos, logo após nossa participação na Metanoia, demitimos mais de 120 colaboradores da nossa equipe comercial, pois mudamos a parte cultural da empresa, e era preciso se adaptar.

Repensamos tudo e mudamos toda a equipe. Mais uma vez, fomos estimulados a viver de mente e alma para a empresa, criando indicadores que pudessem mostrar em tempo real nosso lucro, resultado de uma equipe comprometida (alma) e de um cliente fidelizado (mente). Ficamos seis meses sem fazer uma matrícula. Se arrependimento matasse... Descobri que mata, sim, a energia. Pensávamos constantemente: por que fizemos isso? Somente depois de termos criado o programa Jovem Trabalhador e utilizarmos a captação de *leads* pela internet conseguimos melhorar os resultados. Assim, em 2014, melhoramos esses resultados, pois conseguimos criar um modelo de negócio tão agressivo quanto antes, mas com resultados melhores, pois conseguimos melhorar nosso processo de recrutamento e seleção, a consciência dos colaboradores sobre a visão da empresa ("transformar vidas") e operar de forma sustentável com um curso de demanda livre.

Entretanto, percebemos que só isso não bastava. Queríamos mais, era hora de buscar um novo objetivo, um novo propósito. Outra vez, após um curso de motivação de alto impacto, determinei a meta (em março) de em julho estarmos vendendo franquias. E, como o Universo sempre conspira a nosso favor e "para cada dia de vergonha o Senhor nos dá dupla honra", veio a expansão.

Pensando mais alto: modelo de franquias

O pensamento de expandir veio em forma de um modelo de franquias, mas menor e mais multiplicável. Nessa época, conhecemos uma rede de escolas com mais de 90 unidades espalhadas pelo Brasil. Decidimos, então, que queríamos assumir todas elas, mas como franqueados. Contudo, pensamos melhor e decidimos escolher apenas três franqueados, que estão conosco até hoje e com muito sucesso, trabalhando até mesmo em outras praças.

Após esse período, vendemos mais de 16 novas franquias em sete meses e continuamos expandindo com uma meta clara e objetiva de 400 escolas em todo o Brasil.

As vantagens de ser um franqueado da Enjoy

Com persistência e maturidade, a Enjoy tornou-se um modelo de sucesso. Hoje temos uma rede própria com mais de dez anos de expertise, e foram nossas tentativas e fracassos que tornaram nossa franquia um modelo a ser compartilhado.

Auxiliamos nossos franqueados desde a escolha do local e a implantação até o processo de recrutamento e seleção e a disponibilização de um sistema próprio, o CAPS (Comercial, Administrativo e Pedagógico).

Nosso modelo ensina ao franqueado que a equipe é um importante pilar do sucesso e que é possível fazer matrículas todos os dias, o que é fundamental para cursos livres. Com o CAPS, o franqueado consegue acompanhar indicadores importantes, como alunos, frequências, pagamentos, cobrança, dados do aluno, etc. Além disso, temos uma metodologia de ensino própria, baseada em aprendizagem acelerada, e um suporte que monitora o resultado das franquias, para auxiliá-las no desempenho e nos resultados.

Nossa missão é transformar vidas, como a nossa foi transformada pelo empreendedorismo. Sonhe alto e trabalhe como se tudo dependesse de você e creia como se tudo dependesse de Deus. E, se você deseja ser um empreendedor, assim como eu e o Oswaldo, venha fazer parte da história da Enjoy, pois vivemos mais de sonhos do que de memórias e, em um futuro muito próximo, viveremos os melhores dias de nossa vida, e você pode fazer parte disso! Deus o abençoe e obrigado pelo carinho!

# 6

De professor a empreendedor aos 75 anos

Gostaria que você acompanhasse um pouco da minha trajetória de vida como professor e empreendedor para entender um aprendizado fundamental: nem sempre tudo é sucesso. Ele é construído, pouco a pouco, por nós, e somente nós somos responsáveis por ele

Fernando dos Santos Costa

Fernando dos Santos Costa

Brasileiro, casado, nascido em São Paulo, em 17 de março de 1941. Não lembro se chovia. Tive infância feliz, brincando muito na rua e fazendo amigos, no Itaim Bibi, SP. Estudei no Seminário Menor de Aparecida e no Médio de São Roque. Cursei Letras e me pós-graduei em Comunicação e depois em Pedagogia na Universidade de São Paulo (USP). Tornei-me professor, lecionando em todos os níveis, do Ensino Fundamental a Universidade. Criei diversas empresas na área da Educação, destacando-se a Easycomp e a Melp. Plantei árvores e escrevi diversos livros. Sou até hoje apaixonado por minha família e meus amigos.

Contatos
www.melpcursos.com.br
fernando@melpcursos.com.br

Gostaria que você acompanhasse um pouco da minha trajetória de vida como professor e empreendedor para entender um aprendizado fundamental: nem sempre tudo é sucesso. Ele é construído, pouco a pouco, por nós, e somente nós somos responsáveis por ele. É sempre interessante, contudo, ter a ajuda de parceiros, da família e dos amigos que realmente colaboram, não "urubuzando" nossas ideias e nossos empreendimentos.

Aos 17 anos, em 1958, tornei-me professor por acaso. Era secretário do Supletivo Santa Inês, em São Paulo, e, em uma quarta-feira chuvosa, o professor de Latim faltou. Sim, naquela época o supletivo tinha Latim. O diretor, prof. Anderson, pediu-me que ficasse na sala, pois ela era muito barulhenta e atrapalharia as aulas das salas ao lado. Fui para a sala. Havia, na lousa, um texto em Latim que uma aluna tinha escrito a pedido do professor – o que sempre acontecia. Como todos os alunos eram amigos, brincavam comigo como secretário e nas "peladas" de futebol de que participávamos juntos. Tirando "sarro", começaram a pedir que eu traduzisse o texto. O que eles não sabiam é que eu tinha sido seminarista e aprendera latim e grego. Para participar da "zorra", falei que traduziria o texto – algazarra geral de desconfiança...

Controlei a situação, brincando, e comecei o trabalho de traduzir. Perguntei como traduziriam. A resposta foi unânime: "Não traduzimos, copiamos a tradução!". Na época não havia o Google nem a internet. Falei: "Vou, então, inventar uma técnica fácil para vocês poderem traduzir". E comecei as explicações... Estranhei muito quando, de repente, ficaram em silêncio e começaram a anotar – para mim, eu estava apenas me divertindo, pois brincávamos durante as explicações... Soou o sinal e faltavam ainda três linhas para terminar o texto.

Agradeci a atenção com trejeitos teatrais, mas os pedidos para que eu terminasse foram unânimes. Continuei... Pouco depois, a porta abriu-se, e o diretor olhou a sala, nada entendendo. Pensei: "Vou tomar uma bronca...".

A turma, no final das aulas do dia, solicitou a presença do diretor...

Quando ele saiu da sala, apenas me disse: "A partir de amanhã, você é o novo professor de Latim da nossa escola". Disse-lhe: "Mas nunca dei aulas!". Ele respondeu: "Faça exatamente o que você fez hoje". No dia seguinte, meu salário triplicou.

No oitavo andar do prédio da Praça Carlos Gomes, no centro de São Paulo, funcionava o vestibular para a USP, André Dreyfus. Dois dias depois, seu diretor, Ladislau, desceu e me convidou para dar aula no pré-vestibular, que tinha o mesmo professor do supletivo, que se demitira das duas escolas. Receoso, mas com "a cara e a coragem", aceitei o convite. Apenas pensei: "Não custa tentar". Ao entrar na sala noturna do vestibular, descobri que era eu o mais jovem e ainda não tinha entrado na faculdade, pois faria vestibular com meus alunos.

A primeira grande aprendizagem positiva foi que não se pode ter medo de enfrentar desafios. Em continuidade, descobri que estava inventando uma nova forma de dar aula de Latim: inovação com resultados sempre tem sucesso. Dois meses depois, também me tornei professor de Português. Era apenas um pequeno passo a mais na minha carreira.

Em 1961, com o professor de Redação Samir Curi Meserani, criamos um curso de redação para os alunos do Santa Inês. Sucesso total! Começamos com 200 alunos, que referenciavam nosso curso. A direção do Santa Inês não gostou, e resolvemos sair, montando um supletivo especial, denominado INDAC, na Rua Joaquim Eugênio de Lima, no Jardim Paulista. Foi um sucesso, pois criamos um diferencial: um curso especial para a elite econômica, que logo respondeu positivamente.

O curso INDAC ampliou-se para a Rua Batatais com Pré-Vestibular e, depois, para o Pacaembu, na Praça Charles Miller, com preparatório para o Instituto Rio Branco.

Segundo momento de grande aprendizagem extremamente positiva: se você inovar, o sucesso sempre chegará. Éramos a única escola para as classes mais abastadas, que pagavam bem mais. À noite, tínhamos cursos mais em conta para os menos favorecidos, que também teve sucesso: ajude a todos que seu negócio sempre crescerá. Estava aprendendo a ser empresário na escola da vida. Por sorte, encontrei um sócio que me ajudou muito, Samir Curi Meserani, com que já tinha criado o curso de Redação. Desenvolvemos, no INDAC, um curso de REDAÇÃO CRIATIVA com vários livros, que se tornaram referência no Brasil.

Vendi o INDAC, querendo alçar novos voos sozinho. Criei uma nova escola que não durou três meses – o tempo que aguentei. O novo sócio não era flor que se cheirasse; roubou, tratou mal funcionários e até clientes. Saí correndo antes que sofresse as consequências de um péssimo empreendimento.

Nova aprendizagem, embora extremamente negativa, pois percebi que uma empresa é feita de pessoas, e só elas proporcionam segurança e sucesso ao negócio. O sócio só pensava em dinheiro, mais e mais, a qualquer custo, até prejudicando os que o rodeavam: sócio, funcionários e clientes.

Descobri que centralizar tudo no dinheiro não traz sucesso. Dinheiro é sempre consequência de um trabalho sério, justo e de excelente qualidade. Contudo, houve mais duas aprendizagens fundamentais: a primeira é que se deve ouvir amigos e parentes, que me aconselharam a não fazer tal sociedade... acreditei que colocaria o sócio no bom caminho; a segunda, que passou a ser fundamental, é que se deve escolher bem as pessoas – sócios, amigos e funcionários –, para não contradizer o dito popular: "Dize-me com quem andas, que te direi quem és!"

Depois da porrada, resolvi dar um tempo ao empresário que em mim fervia. De 1970 a 1988, dediquei-me a escrever livros, cerca de 11. Em 1964, já tinha produzido três de Redação criativa e Português através de exercícios, em coautoria com Thelmo Correia Arrais, para a Editora Ática. Houve, ainda, vários outros solos, Gramática histórica, 8.000 exercícios de português, etc. Também exercia a função de professor em cursos pré-vestibulares – Anglo-Latino, Curso Objetivo, CPV Vestibulares, entre outros –; em colégios – Bandeirantes, Objetivo, entre outros –; em faculdades, Anhembi, FMU, Unip, Unitau, entre outras. Tinha terminado o curso de Letras e fui pós-graduando da USP em Comunicação e depois em Pedagogia.

Nessa fase, as aprendizagens foram muitas, tanto positivas como negativas. Aprendi bastante sobre pessoas, coordenadores e colegas de trabalho. Vi professores crescerem, e outros serem massacrados, por inveja ou apenas pura maldade. Realmente, o cuidado com as pessoas é fundamental para não haver escolhas erradas.

Mas devo destacar a principal descoberta: aprendi que ensinar não é só dar aulas, transmitir conhecimento, é levar o aluno não só a construir conhecimento mas fundamentalmente a própria existência; é ensinar a ler os livros, as pessoas, o mundo em que vivemos, aproveitando a expressão de Paulo Freire.

O fato de dar uma excelente explicação não me torna professor nem significa que os alunos realmente estão aprendendo, talvez poucos. Aí uma triste descoberta, mas fundamental para sair da zona de conforto e mudar minha forma de ser. Durante um tempo fui um "grande dador" de aulas, que é diferente de ser professor. Embora elogiado, fui aprendendo – e precisei de muita humildade – que ensinar é muito mais que transmitir conhecimentos, é tornar o aluno capaz de criar, construindo sua aprendizagem e seu modelo existencial, como ensina o mestre Piaget. Evoluí bastante para poder ser um real empreendedor na área da educação.

Em 1988, com apenas 47 anos, mudei com a família para Guaratinguetá, interior de São Paulo. Pensei em descansar e criar um novo ritmo de vida. Dava aulas em colégios, cursinhos e faculdades. Mas o formigamento para empreender não me deixava. Em 1989, com o amigo Walter de Oliveira Varejão, que está comigo até hoje, abrimos o curso Exitus – concursos públicos e vestibulares, inicialmente em Guaratinguetá e depois em Taubaté. Nessa escola surgiu o curso de Informática.

Encerramos a sociedade, e eu fiquei com o curso de Guaratinguetá e ele com o de Taubaté. Fechei os cursos para vestibulares e concursos, ficando apenas com o de Informática, auxiliado por minha esposa, Délia, e meus filhos. Nessa época os computadores pessoais eram novidade e caros, e os cursos tinham grande procura. Mais uma vez minha veia pedagógica fez minha cabeça voar longe, observando como o curso era ministrado. Da observação, grande aprendizagem, descobertas e muita inventividade...

Primeiro absurdo pedagógico que verifiquei: dois alunos sentados no mesmo computador, fazendo aula de MS-DOS; Lotus 1 2 3; Wordstar; DBase, Cobol, etc. Minha veia de educador não admitia tal disparate. Resolvi dar aulas de informática e, imediatamente, decidi mudar tudo, pondo cada aluno em um computador. Em seguida, percebi que o ritmo de cada aluno era muito diferente e resolvi individualizar o sistema de aprendizagem.

Criei, assim, o método interativo. Um amigo, Iaroslau Sessak Júnior, que era proprietário da Central de Concursos, onde eu dava aulas em São Paulo, disse que era excepcional a descoberta e o método individualizado, que passamos a usar. Ironicamente ele criou uma comparação com a antiga forma de ensinar: "Dois alunos aprendendo no mesmo computador era o mesmo que dar aula de direção numa autoescola com dois alunos sentados no mesmo banco, para aprender dirigir".

Em 1993, quando eu tinha apenas 52 anos, criei a Easycomp Tecnologia de Ensino em Computação e Editora Ltda. "Se a pessoa se aposenta do trabalho, também começa a se aposentar da vida."

Nova fase empresarial em que as pessoas eram fundamentais. Por falta de dinheiro, os primeiros grandes colaboradores foram sócios: Iaroslau Sessak Júnior, Luciano Azevedo, Ricardo Villela e minha esposa, Délia Maria Marcondes Costa, com grande contribuição dos meus filhos, Jaques e Rafael. O sistema interativo Easycomp, o primeiro no Brasil, tomou forma.

Amigos vieram conhecer e também queriam usar o método. Criamos, então, um sistema de licenciamento, para que outros pudessem usar o mesmo método, dando início a uma tímida expansão. Desistiram da sociedade o Luciano e o Ricardo.

Por uma decisão empresarial, resolvemos nos mudar para São Paulo: pois, naquele momento, o interior não era bem-aceito como ponto de partida para a grande expansão de um sistema de licenciamento inovador.

O aprendizado importante da escolha de pessoas foi essencial, pois o novo sócio, Iaroslau, já empreendedor de sucesso, ajudou muito no desenvolvimento da empresa e até hoje é um amigo-irmão. Eu e a empresa aprendíamos que não bastava o cliente comprar, mas era necessário fidelizá-lo. Isso só seria possível com um excelente suporte de atendimento e treinamento a ele e a seus funcionários.

Ser empresário de sucesso exigia muito trabalho, pois o sucesso não poderia ser só nosso, mas deveria também ser de todos os licenciados. Aprendemos e ensinamos que a existência da escola não se dá apenas pelo prédio, pelo mobiliário, pelo método, mas principalmente pela existência de alunos, que precisariam ser captados e mantidos com excelente qualidade de aprendizagem e atendimento.

No atendimento, criamos as escolas-sorriso e começamos a desenvolver técnicas de captação e manutenção de alunos, que davam existência e sucesso a nossos licenciados.

Ser empreendedor e empresário de sucesso não é fácil. O empreendedor deve trabalhar com sonhos e metas, superar o medo de riscos, arriscar, portanto... Mas aquilo que está na cabeça deve se tornar realidade diariamente, pois, somente com ações e atitudes adequadas, podemos ir em frente para conquistar o desejado. Chegamos a ser o maior grupo de licenciamento, com mais de mil licenciados.

Em meio ao sucesso da Easycomp, os clientes pediam constantemente sugestões de métodos de ensino de inglês. Desde 1998, tentamos vários métodos e parcerias, até que resolvemos criar um método próprio, diferente e interativo. Deixei a direção pedagógica da Easycomp e parti para a nova empreitada: criar uma nova metodologia para cursos de inglês. Em 2003, era criada a Melp Tecnologia de Ensino. Foram mais de cinco anos para desenvolver o sistema que queríamos – qualquer um, independentemente do grau de instrução e da classe social, deveria aprender inglês. Passamos por inúmeros professores-autores até conseguirmos equacionar um curso passo a passo, que levaria todos a uma aprendizagem eficaz. Fizemos os primeiros testes, e o curso começou a ser implantado. Mais aprendizagem com pontos positivos e negativos, diferentes dos da Easycomp. O sistema Melp levou muitos alunos a uma aprendizagem eficiente, com resultados excepcionais – alunos viajando e falando em inglês, alunos que se tornaram professores da própria escola Melp, e assim por diante. Mas, nos últimos anos, algumas críticas foram feitas e com razão: excesso de exercícios, os alunos queriam mais agilidade na aprendizagem de conversação, etc.

No decorrer das experiências de empreendedor, descobri que problemas e críticas são muito importantes e devem ser sempre levadas em consideração. Assim, novas reflexões e ideias vieram à cabeça, que devem ser colocadas em prática.

Em 2016, já com 75 anos, vendi a Easycomp, pois minha família queria que eu descansasse. Não consegui e, em poucas semanas, comecei a trabalhar na modernização e no crescimento da Melp. Preocupei-me em observar o mercado e o aluno e conversar com nossos clientes.

Pedagogicamente em todos os setores educacionais, há muitas críticas às aulas presenciais, que, apesar de terem funções importantes, nem sempre são absorvidas pelas escolas. Na conversa com os usuários de método interativo, percebi várias críticas e certo declínio de seu uso. Concordei com muitas delas e observei outras que nem todos percebiam. Acompanhei o desenvolvimento da EAD, com algumas vantagens e muitas desvantagens, embora viesse para ficar, exigindo transformações.

Sem dúvidas, havia escolas presenciais, interativas e EAD com excelentes resultados, mas eram poucas. Novas ideias e a necessidade de mudanças fervilhavam em minha cabeça...

O aprendizado de hoje fez-me criar uma forma diferente de dar "cursos", aproveitando o que há de melhor em cada um deles. Essa nova forma de ensinar e aprender eu chamei de modelo MIX, que você vai poder "curtir" no lançamento da "New Melp" e do "Curso de Inglês Kids."

Meu desejo é o sucesso de todos e que eu possa contribuir o mais possível com ele.

7

Reflexões: dos desafios ao sucesso

É preciso mudar antes que seja tarde. Sair da zona de conforto é mais difícil do que nem entrar nela. Fazer aquilo de que gosta vale mais do que acabar o que parece satisfazer

Jaques Grinberg

Jaques Grinberg

Empreendedor, *coach*, palestrante, consultor e escritor. Conhece na prática as dificuldades de empreender e manter um time qualificado e motivado. Com 16 anos foi emancipado para abrir a sua primeira empresa, foi só o começo. É apaixonado por pessoas, técnico em Contabilidade, bacharel em Direito, MBA em Marketing, formado em *Coaching* pela Sociedade Brasileira de *Coaching*, Gestão de Pessoas no IBMEC e com diversos cursos de vendas, negociação e outros nas principais instituições do país. Considerado um dos maiores especialistas em *coaching* de vendas do Brasil e um dos palestrantes mais requisitados quando o assunto são clientes. Idealizador da Mentoria com Técnicas de Coaching para líderes e gestores e autor do *bestseller 84 Perguntas que vendem* publicado pela editora Literare Books, um livro prático e interativo que traz técnicas e ferramentas do *coaching* de vendas.

Contatos
www.jaquesgrinberg.com.br
www.queroresultados.com.br

O começo

Filho de professores, tímido na infância, sempre gostei de vendas. Com 6 anos vendia amendoins com chocolate no condomínio onde morava, com quatro torres e 18 andares em cada uma, no bairro do Butantã, em São Paulo, capital. Os amendoins eram feitos por minha avó, e eu os entregava em domicílio, no apartamento do cliente. Com 8 anos, mudei com minha família para a cidade de Guaratinguetá, no Vale do Paraíba, interior de São Paulo.

Completei o Ensino Fundamental em uma escola pública e no Ensino Médio cursei Técnico em Contabilidade, na Escola Municipal Coteca, na cidade vizinha, Aparecida. Foi uma época maravilhosa, com muitos amigos que guardarei no coração para sempre.

O que eu aprendi?

Que para ser feliz é preciso apenas do apoio da família e dos bons amigos. Sempre tenha, a seu lado, pessoas que gostem de viver e, principalmente, de você.

Com 16 anos, fui emancipado e abri minha primeira empresa: uma escola de cursos de informática na cidade de Aparecida. Aluguei uma sala junto do escritório de contabilidade do pai de um grande amigo, Ronaldo. Lá foi o começo de tudo... Vendi um computador 286 com monitor VGA color, que havia ganhado de presente da minha avó, para comprar três PCs XT com monitor VGA verde. Dois anos depois, tive de vender a empresa para voltar à capital paulista, de mudança, com a família. Foi o primeiro grande "desapego", mas o primeiro passo para novos desafios.

Já em São Paulo, passei no vestibular para o curso de Processamento de Dados. Mesmo indeciso com a opção, comecei o curso. Já no primeiro dia de aula, durante o trote e escondido no banheiro da faculdade, conheci um dos meus melhores amigos, que hoje considero um irmão. Trabalhamos juntos em escolas de informática nas cidades de Taboão da Serra e Embu das Artes, fomos sócios e aproveitávamos muito a vida... Viagens para Florianópolis no carnaval, almoço de domingo em Curitiba e fins de semana no sítio em Juquitiba, interior de São Paulo. Almoço em Curitiba?! Isso mesmo, saíamos bem cedo, almoçávamos lá e voltávamos para São Paulo.

O que eu aprendi?

Que, ao lado de amigos, não existe distância para um almoço. O almoço é só desculpa para um bom papo e muitas risadas.

Naquela época, o *coaching* não era conhecido no Brasil. Perdi tempo e muito esforço tentando chegar sozinho ao melhor caminho. Faltavam perguntas que me ajudassem a descobrir como alcançar o sucesso mais rapidamente, e, por esse motivo, quero ajudá-lo com perguntas inteligentes do *coaching*, algo que eu não tive, mas você terá agora, neste capítulo e nos posteriores. Aproveite ao máximo!

Escreva as respostas em um caderno, um papel, reveja-as sempre e, se necessário, modifique-as. Isso será muito importante tanto na sua vida pessoal como na profissional.

Quais são as suas principais desculpas para não fazer aquilo de que gosta? (Por exemplo, falta de tempo.)
_____
_____
_____

Escreva o nome de, no mínimo, três amigos verdadeiros por quem você deixaria o que está fazendo para ajudar. Ao lado de cada nome, explique as características de que você mais gosta e as características de que você menos gosta em cada um deles.
_____
_____
_____

Para ter a companhia de uma pessoa de que você gosta, viajaria mais de cinco horas para um almoço? Se sim, quem você convidaria?
_____
_____

Qual sonho você ainda não realizou e o que você, e só você, pode fazer de diferente para realizá-lo?

___

___

A mudança estratégica

No último ano do curso, outro amigo me convidou para um novo vestibular para o curso de Direito, e eu o fiz. Não lembro se foi na brincadeira ou por vontade de ser advogado, mas passei e fiz minha matrícula. Mudanças de planos na reta final do objetivo anterior. Foram cinco anos com novos amigos e muito aprendizado. Com certeza foi uma realização pessoal, e sou grato por ter tido o apoio da minha família, mesmo parecendo loucura para alguns. Muitos deixam de realizar sonhos por falta de apoio em casa ou dos amigos. Ter persistência e comprometimento com o que desejamos é um dos segredos para a realização pessoal. O que é ideal para os outros pode não ser para mim ou para você.

O que eu aprendi?

É preciso mudar antes que seja tarde. Sair da zona de conforto é mais difícil do que nem entrar nela. Fazer aquilo de que gosta vale mais do que acabar o que parecia satisfazer.

Formado em Direito, fui promovido na empresa da família de vendedor a diretor comercial. Era uma rede de cursos de informática com uma metodologia inovadora, lançada em 1993 pelo meu pai, prof. Fernando dos Santos Costa. A empresa foi pioneira em metodologia interativa, na qual é utilizado o computador como ferramenta de aprendizagem, em um período em que a internet no Brasil era utilizada apenas em instituições de ensino para pesquisas acadêmicas. Meu pai sempre foi um exemplo de pessoa, carisma e inteligência. É especialista em técnicas de aprendizagem, professor em quase todas as esferas educacionais: Ensino Médio, cursinhos e universidades. Tive a honra de ser aluno dos meus pais, e é algo inexplicável. Aprendi com eles que compartilhar conhecimento é ajudar pessoas a ter oportunidade de um futuro melhor. Meu pai, meu mentor!

O que eu aprendi?

Tenha um mentor na vida pessoal e profissional, uma pessoa com experiência para guiá-lo. A mentoria pode não só ajudar a encontrar o melhor caminho, mas também dar maior rapidez para alcançar seu sonho ou sua meta.

Como diretor comercial, com a minha equipe de vendedores e suporte aos clientes, crescemos de 143 escolas licenciadas para mais de mil em apenas quatro anos. Fácil? Nada é fácil! Se alguém um dia disser que fazer algo é fácil, desconfie. Com vendedores mais velhos e mais experientes, foi preciso aprender a liderar com foco, persistência, comprometimento e humildade.

Quatro etapas foram importantes para o sucesso e o crescimento da empresa: o produto, o processo de venda e entrega, o planejamento estratégico e as pessoas (o time de funcionários). Aqui está um dos mais importantes aprendizados: definir prioridades, executar o plano estratégico pensado, avaliando cada passo do processo e, se necessário, adequando-o imediatamente.

Lembre-se de que você está tendo a oportunidade de responder às perguntas certas, oportunidade que eu não tive. Aproveite ao máximo!

Para seu crescimento profissional, por que é importante ter um planejamento estratégico?

_____

_____

_____

Para líderes (gestores), ter um time de funcionários qualificados e motivados é um diferencial competitivo? Explique sua resposta.

_____

_____

_____

Quais são as três principais vantagens e desvantagens em ter um time de funcionários iguais ou melhores do que seus líderes?

_____

_____

Em sua opinião, por que grandes líderes contratam mentores para ajudá-los nas decisões do dia a dia e nas mais difíceis?
_____
_____
_____

O que você, e só você, pode fazer de diferente para maximizar seus resultados?
_____
_____
_____

O reconhecimento

O crescimento da quantidade de clientes da empresa foi mérito da minha equipe. A liderança é importante, mas o trabalho de quem está à frente, em contato com os clientes, é o resultado. Um bom líder sem uma equipe não traz resultados, uma equipe sem boa liderança só sobrevive ou se desfaz.

O que eu aprendi?

Sozinho como líder não se chega a lugar nenhum. Com um time mais ou menos, é possível alcançar, mais ou menos também, as metas se houver treino. Mas, com um time de alta performance, preparado e motivado por excelentes treinamentos, chega-se mais rápido às metas e ao sucesso.

Com o crescimento da empresa, fui promovido novamente, agora de diretor comercial a CEO. A preocupação não eram apenas as vendas, mas fidelizar clientes e aumentar o faturamento. Um novo desafio!

O primeiro desafio foi profissionalizar a gestão familiar da empresa e reestruturar a carteira de clientes. Ter clientes considerados saudáveis, que trazem lucro, treinando-os e criando os diferenciais necessários. Se não correspondessem, melhor desativá-los: gerenciar e oferecer um atendimento gourmet para clientes que trazem lucro baixo ou até prejuízo é também prejuízo para a empresa. Em poucos meses diminuímos a carteira de clientes e aumentamos o faturamento. Sim, é possível! Um bom planejamento estratégico foi essencial para o sucesso dessa etapa como CEO da empresa. Por causa disso, fomos

caso de sucesso no site Sociedade de Negócios do Banco Bradesco.
Compartilho com seu autoconhecimento, fazendo quatro novas perguntas de *coaching*. Aproveite-as ao máximo!

Em sua opinião, por que é importante gostar de pessoas, saber liderar e ser competente para conseguir uma promoção profissional?

_____
_____

As vendas são importantes, mas ter qualidade nas vendas é um diferencial das empresas de sucesso. Em sua opinião, por que é importante ter qualidade nas vendas?

_____
_____

De zero a dez, qual é a nota de qualidade das vendas da empresa em que você trabalha? Ou em sua empresa? Explique sua nota.

_____
_____

Cite três vantagens e três desvantagens na qualidade das vendas da sua empresa.

_____
_____

O resultado

Em setembro de 2013, mesmo com salário alto, estabilidade – empresa familiar – e ainda diversos benefícios, troquei tudo para começar um novo desafio: ser palestrante profissional e mentor de líderes (empresários e gestores). Comecei uma nova empresa sem funcionários, sem equipe, portanto sem a estrutura a que estava acostumado. Ousadia para buscar a realização de um sonho ou coragem para fazer a diferença em uma sociedade que acredita que ter um emprego com bom salário seja o correto! Depende. Afinal, será que existe certo ou errado quando o objetivo é realizar um sonho?

O que é certo ou errado? Ter status e um ótimo salário é o sonho de muitos... Poucos conseguem alcançar seus sonhos com medo do que a sociedade vai pensar e dizer. Muitos criticaram a minha decisão de deixar o cargo de CEO, outros ficaram assustados. Poucos apoiaram! Era o esperado, mas a meu lado estavam as pessoas mais importantes, e todas apoiando minha decisão, era isso que importava: minha esposa, meu pai e minha mãe, meus irmãos e poucos amigos – os amigos de verdade.

Hoje, quase quatro anos depois (maio de 2017), estou nos principais palcos do Brasil como palestrante – grupo KLA Eventos, JFV em Belo Horizonte, INE Eventos em Vitória, Fortes Treinamentos no Rio Grande do Sul e muitos outros. Para alcançar esse sucesso, busquei um mentor, a melhor no segmento, Silvia Patriani. Ouvi os conselhos do meu pai e de um grande amigo chamado Edilson Lopes, fundador do grupo KLA. Não posso me esquecer do meu sócio atual e uma das pessoas em que mais confio, o Iaroslau; do meu amigo Nilton, que eu considero como irmão; e da minha esposa, que está sempre a meu lado. E paro por aqui, a lista é muito grande, e, se continuar escrevendo, minha amiga Alessandra da editora vai brigar comigo...

O segredo do meu sucesso, quase quatro anos depois, é ter aproveitado a experiência profissional, transformando minha nova carreira em um negócio com gestão profissional. Independentemente do tamanho do seu negócio, seja profissional e sempre aquele que faz o melhor.

Nunca deixei de acreditar nos meus sonhos, o resultado financeiro demorou, mas foi consequência. Toda empresa nova tem um período de amadurecimento e de muito investimento financeiro e dedicação.

O que eu aprendi?

Quem trabalha só pelo dinheiro é prisioneiro do seu próprio sucesso, nunca será feliz. Arrisque! Para fazer a diferença na minha vida, na sua e na daqueles que buscarem sua ajuda para fazer a diferença!

Acredite em seus sonhos! Transforme-os em realidade!

Essa é minha nota de sucesso, minhas reflexões, e você de alguma forma faz parte dela!

Confie em seus sonhos e conte comigo sempre que precisar para escrever sua nota de sucesso!

8

Que o sucesso seja consequência e não objetivo

Com uma enorme capacidade de se adaptarem as mais diversas situações, são multitarefa, adoram fazer várias coisas ao mesmo tempo, versáteis, criativos, persistentes, mutantes, assim são as pessoas do signo de gêmeos. Tudo bem, eu sei, este não é para ser um capítulo de horóscopos ou signos do zodíaco, porém, talvez seja a forma mais fácil de me apresentar e fazer com que vocês, leitores, entendam tudo que será descrito nos parágrafos a seguir

Juliano Batista de Lima

Juliano Batista de Lima

Estudante de música desde os 15 anos de idade, apaixonado pela mesma e dedicado ao aprendizado desde quando se conhece por gente. Seminarista por 5 anos, cursou Filosofia e História, estudou Música no Conservatório Souza Lima/SP, teve a oportunidade de fazer aulas e participar de inúmeros *workshops* de bateria com grandes mestres e nomes reconhecidos em todo Brasil e também internacionalmente. Em 2003, aos 21 anos, junto com amigos, abre sua escola de música de nome fantasia EMUVI (Escola de Música de Videira). 2007 registra a primeira empresa. 2008 começa a divulgação do projeto musical voltado a bailes de casamentos e formaturas com a Banda 4 AZES. 2013 participa da NAAM SHOW, umas das maiores feiras de música do mundo, 2014 dá início aos trabalhos da 4 AZES PRODUÇÕES e 2016 amplia negócios da escola criando um café cultural e lançando o contra turno cultural.

Contatos
www.emuvi.com.br
www.banda4azes.com.br
www.4azesproducoes.com.br
julima_vda@hotmail.com
(49) 3566-3597/ (49) 99917-9989

Através desse simples capítulo procuro dividir minhas experiências enquanto empresário no ramo da música, um mercado sempre em constante movimento, cheio de altos e baixos, repleto de incertezas e desconfianças.

Habituado a vender o almoço afim de garantir o jantar, assim como todo "aventureiro" do segmento, compartilho com vocês pequenas soluções que, em determinados momentos, foram úteis e primordiais para que permanecesse no mercado há mais de 15 anos, assim como dicas e ideias para que seu negócio se mantenha vivo em um momento onde o conhecimento se torna tão superficial e a busca por este inversamente proporcional ao tempo dedicado, permitindo que internet, vídeos e tutoriais cada vez mais roubem o espaço físico que um dia foi habitado por um bom professor e/ou por uma excelente escola.

Muitos já me perguntaram de onde vem essa veia empreendedora, imaginando que seja de berço. Na verdade, venho de uma família simples: pai borracheiro e mãe auxiliar de cozinha (com muito orgulho), pais totalmente conservadores e desconfiados quando o assunto é dinheiro ou investimento, como autênticos moradores de uma região colonizada por italianos. Acredito que talvez, dessa forma, descrevendo de maneira sucinta meu leito, vocês entendam o porquê de citar meu signo do zodíaco (risos), não se trata de uma tese, porém, pode ser uma plausível explicação.

Saí de casa muito jovem contra a vontade de meus pais, sentia que minha pequena e pacata cidade no interior de Santa Catarina escondia um mundo totalmente colorido que poderia existir do lado fora. Seis anos longe de casa, de inúmeras e valiosas experiências, uma oportunidade única de ver o mundo como realmente ele é e não da maneira que me era apresentado (um dia escreverei um livro sobre isso).

Após anos morando longe de casa e em uma grande cidade como São Paulo, sentia que era o momento de estar novamente perto da família e amigos. E a pequena cidade, da qual antes imaginava apenas um mundo em preto e branco, em pouco tempo me abre inúmeras ideias e possibilidades.

Em 2004, sem verba alguma, ganhando como auxiliar de escritório de uma oficina de motos um mísero salário mínimo, sem ajuda financeira de nenhuma instituição ou dos próprios pais (não por falta de vontade dos mesmos), resolvo multiplicar um pouco dos conhecimentos adquiridos ao longo dos anos montando junto com alguns amigos uma pequena escola de música. Uma espécie de cooperativa, onde cada um tinha sua sala, ministrava suas aulas, administrava seus alunos e no final do mês dividia todas as despesas.

Assim, dessa maneira informal, surge o primeiro questionamento e aprendizado enquanto novo empreendedor. Como fazer com que uma cidade com pouco mais de 45 mil habitantes, colonizada por italianos vissem a música ou a arte de aprender um instrumento como um investimento e não um gasto desnecessário. Afinal, em grandes rodas de churrascos existiam grandes "músicos e instrumentistas" que sempre foram autodidatas e nunca tiveram necessidade de um professor.

Foram inúmeros anos de muita dedicação e com um trabalho de marketing pessoal muito bem feito, focando e buscando sempre ser referência no que se propunha. Durante muito tempo era apenas alguém visto como muitos com a mesma história, um aventureiro sem perspectiva tentando sobreviver através da música e/ou querendo ganhar alguns trocados de maneira fácil sem querer investir em "alguma" profissão.

O que me fez não desistir? Pois é, até hoje busco essa resposta e encontro apenas algumas hipóteses e talvez a mais perspicaz entre elas é que nunca busquei o sucesso como objetivo, sempre foquei no meu crescimento pessoal, em minha pessoa enquanto ser humano, me comprometendo com a qualidade e realização em cada ação bem executada e o sucesso sempre se tornou consequência. Acredito que a busca desenfreada do sucesso cria cabrestos, nos cegam, não nos permitem vivenciar e aprender com o crescimento, criando cascas ocas e sem conteúdo, transformam erros em apenas falhas, não nos permitindo autoconhecimento e aprendizado. Por isso acredito que o sucesso é dialético e empírico, cheio de acertos, erros e experiências.

O sucesso enquanto único foco, transforma as pessoas em seres arrogantes e desumanos, fazendo com que a busca do mesmo se torne constante e a qualquer custo sem medir pesos e consequências de cada decisão tomada e, este quando alcançado, é tão passageiro quanto o tempo dedicado ao aprendizado com cada situação ocorrente pelo caminho. Obter sucesso não significa ser bem-sucedido, pois sucesso é momentâneo, mas pessoas bem-sucedidas são de maneira permanente. Segundo o dicionário da língua portuguesa sucedido significa acontecido, ocorrido, ou seja, não foi de uma hora para outra, tem uma história, teve erros, acertos e consequentemente aprendizados junto a isso.

Aquela sementinha plantada lá atrás sem grandes pretensões, mas sempre regada com muita competência e excelência no que se propunha a fazer, começa a florir e dar seus primeiros frutos. A pequena cooperativa de ensino se transforma em uma empresa, ganha uma secretária e novos professores contratados. Junto com essa nova etapa triplicam o número de boletos, surgem os encargos, taxas e todos os impostos que vocês, leitores, são conhecedores, afinal ser empreendedor em nosso país é uma tarefa árdua e nem sempre rentável. Momento de desistir? Jamais, não temos tempo para isso. Não se trata mais apenas de uma simples empresa no ramo musical, somos formadores de opiniões, responsáveis pela educação cultural de mais de 150 crianças de uma cidade do interior ainda escassa a muitas informações e desistir agora seria o mesmo que comprar um sonho e jogá-lo fora sem antes mesmo descobrir se o recheio era de doce de leite ou goiabada.

Bem, como diriam vários empresários:"bem-vindo ao mundo dos negócios". Momento de conhecer e ser apresentado à palavra que nunca sai de moda para quem um dia sonhou em ter seu próprio negócio... REINVENTAR. E, para reinventar-se, não basta apenas ser criativo, pois isso é infuso a qualquer empresário, é preciso investir, arriscar e, acima de tudo, acreditar com todas as suas forças.

Mesmo desmotivado e apontado por muitos como loucura, em 2010, a antiga sociedade que perdurava desde os tempos de uma mera cooperativa de professores se dilui e cada sócio segue seu caminho e sonhos e a EMUVI ganha novo espaço físico e novos cursos e deixa de ser uma escola de música para se tornar um centro de ARTE e CULTURA, com 5 modalidades (música, dança, artes plásticas, artes marciais e línguas estrangeiras) e mais de 30 cursos. Com um corpo docente composto por mais de 25 profissionais totalmente capacitados, em um espaço de 360 m², mais de 500 alunos, se torna referência cultural e artística não apenas na cidade, mas em toda a região centro oeste do Estado. As fronteiras da cidade deixam de ser limites para a atuação e inúmeros projetos em cidades vizinhas começam a surgir, sejam através de licitações municipais, filiais ou projetos particulares, chegando em um determinado período a atender mais de 8 municípios da região e atingindo indiretamente mais de 1500 pessoas. Momento de relaxar, curtir e colher os frutos? Quem me dera.

Certa vez perguntei a um dos meus professores de artes marciais: - A última etapa é chegar à faixa preta? Ele me respondeu: - Não, depois da faixa preta que tudo se inicia. Isso me fez refletir. Horas de treinos, inúmeras competições, milhares de movimentos repetitivos para a troca de faixa, uma alimentação controlada e repleta de renúncias, anos de dedicação e isso ainda não o faz o melhor. Todo esse processo é apenas pré-requisito para buscar seu espaço entre o seleto grupo de competidores profissionais. Uma empresa funciona da mesma forma que um lutador que chegou à faixa preta, o desafio maior passa a ser se manter no topo, ser "faixa preta", mas lutar todos os dias como se ainda fosse branca, com as mesmas regras e foco que o fizeram chegar lá.

Essa etapa da vida empresarial requer muito sacrifício para abrir mão de viagens, um jantar com a esposa, um final de semana em família para se dedicar única e exclusivamente aos negócios, até porque os finais de semana cada vez mais se tornam raros, ainda mais quando, além de um negócio para administrar se faz parte do corpo docente de sua própria escola e precisa preparar e dar suas aulas e, como um bom e exemplar músico, ainda necessita tirar tempo para os estudos. É preciso coragem para optar por caminhos em encruzilhadas que você nunca imaginou se encontrar, para lidar com altos e baixos do mercado e para escolher entre ser o músico que sempre sonhou ou o empreendedor que se tornou.

Muitas vezes passei noites de plena nostalgia relembrando o

quanto era bom aquela salinha onde coordenava meus alunos e dividia as despesas, tinha finais de semana e ainda conseguia dedicar horas à minha paixão, a BATERIA.

Não estudei para ser um administrador, sempre me apeteceu ser simplesmente músico, no decorrer dos anos fui aprendendo a lidar com diversas situações, conhecendo a arte de empresariar e descobrindo que dentro de mim existia um empresário nato. Aprendi que aquela conversa fiada que o cavalo só passa encilhado uma vez, que é preciso aproveitar as oportunidades quando elas surgem é balela, pois elas não surgem elas são criadas e, para criá-las, é preciso ter autoridade no que se deseja, é necessário preparar o terreno, adubar as ideias e sem pressa para colher resultados. O fato de estar no lugar certo na hora certa não existe, é preciso querer, mover ações para estar presente, isto é, criar oportunidade. Porém, de nada adianta estar criada se não estiver preparado para novos desafios, estar seguro de si e de suas ações e envolto ao medo do fracasso. Empreender é como jogar *golf*, se há inúmeros buracos a acertar, todos os instrumentos para isso ser feito, se conhece as regras do jogo, e errar não significa que o jogo acabou, nunca saberá se irá sair ou não vencedor se não der a primeira tacada.

Acredito que esse seja o maior obstáculo a todo e qualquer empreendedor, superar o medo de errar, acreditar fielmente que tudo dará certo, até porque se os objetivos idealizados não criam segurança a você, idealizador, como convencerá seu futuro cliente? Para seu negócio emanar boas energias é necessário que o foco e a determinação sejam algo saudável, ou seja, desconfiança e dúvidas só lhe trarão prejuízos físicos e mentais.

Ouço de muitas pessoas que tive sorte. Talvez por não saberem quantas noites mal dormidas, quantas viagens em busca de experiência e conhecimento, quanto investimento em capacitação, quantos finais de semana trancado em uma sala buscando soluções para problemas eu obtive. Essa é a razão de sempre ter dado certo? Não sei, quem sabe? Mas como dito anteriormente, nunca desejei ser um grande administrador, tudo aconteceu de maneira natural e atemporal, porém não posso tirar meus méritos que sempre estive preparado para qualquer situação, procurei ser e fazer o melhor, criei oportunidades. Arrogância? Tenho certeza que não, e as pessoas que me conhecem irão consentir com isso, definiria como objetivo de vida. Por tudo ocorrer de maneira sadia e autêntica, nunca tive medo de arriscar e sempre soube lidar com os meus erros. Ingênuo eu que não percebi, a priori, que saber lidar com o erro sem fazer com que esse se torne um fracasso é uma das maiores virtudes de um grande empreendedor. Ninguém tem domínio e propriedade sobre qualquer situação sem antes ter conhecimento de suas falhas. Errar não só é humano como também é necessário para acertos solidificados, caso contrário passa ser apenas sorte de principiante.

Estou longe de me considerar um empresário bem-sucedido, procuro sempre me imaginar como se ainda estivesse na "faixa branca" e levar uma vida empresarial regada de muita cautela, porém sempre inovando e rastreando novos horizontes. É preciso a todo instante buscar formas de agregar valor em seu negócio, sem medo ou covardia, pois hoje sua margem de lucro não se encontra mais no valor final de seu produto e sim em seus gastos e poder de compra.

Há um ano realizei um sonho antigo em ter dentro da própria escola um café cultural, com um conceito diferenciado em espaço, produtos e atendimento, voltado a atender ao público de maneira geral, não apenas aos alunos. O que isso tem a ver com a escola? Simples, não pago um valor mais alto de aluguel por ter um café no estabelecimento e são diferentes os públicos que frequentam e, na maioria das vezes, formadores de opinião que trago para dentro da escola devido ao conceito. Uma rentabilidade maior onde a lucratividade ajuda no abatimento de contas fixas e a rotatividade de pessoas transforma clientes em alunos potenciais, que ao virem tomar um simples café acabam se interessando por alguns de nossos cursos e, de certa forma, faz uma excelente e gratuita propaganda, agregando valor com custo quase zero e fidelizando clientes.

O grande empreendedor não deve ter tempo para reclamar de crise ou de um mercado não muito propício, necessita estar ocupado com novas ideias e maneiras de buscar ser e fazer diferente. Só se destaca quem está sempre à frente, investindo em momento de retração, inovando quando todos estão com medo de sair do básico. Para isso é preciso coragem e, acima de tudo, ousadia, acreditar sem medo de fracassar entendendo que cada tropeço é apenas o embalo necessário para superar o fracasso, pois a vitória é cheia de empecilhos. Quando tudo estiver fácil demais, reveja seus conceitos e procure ter certeza que seus negócios se encontram em ótimos alicerces. Lembre-se sempre, todos os grandes homens reconhecidos na humanidade, por inúmeras vezes, foram taxados de loucos, incoerentes e todos venceram. O que eles tinham em comum? A coragem acima da média de andar na contramão do que todos imaginavam, sem nunca perder o foco e a credibilidade de seus ideais.

9

Como consegui de estagiário me tornar empresário!

Para transformar o sonho em realidade é preciso ter foco, determinação e persistência. Foi assim que consegui de estagiário me tornar empresário. Fácil não foi! Mas a persistência aliada ao aprendizado, dos erros e dos acertos, ajudou muito. Estar ao lado de pessoas que amamos e nos apoiam é fundamental para o sucesso. E eu tenho minha esposa Dafne e minhas filhas Nicole e Duda. E você, quem são as pessoas que o apoiam?

Nilton Márcio dos Santos

Nilton Márcio dos Santos

Empresário da área da educação, formado em Administração Hoteleira, Guia de Atrativos Naturais e Tecnólogo em Processamento de Dados. Com diversos cursos e experiência prática em Gestão de Pessoas, Instrutor de Esportes de Águas Brancas, Prospecção de Clientes para Escolas de Cursos Livres e Fidelização de Clientes. É reconhecido pelos seus funcionários pelo caráter e preocupação com todos. Apaixonado por pessoas e principalmente por sua esposa e filhas, acredita que é possível mudar o mundo através da educação. Também é persistente e comprometido, desvenda soluções rápidas para alcançar os seus objetivos.

Contato
nilton.marcio@terra.com.br

As dificuldades

Iniciei minha carreira profissional em escola de cursos de Informática em 1997 como estagiário. Era estudante de Tecnologia em Processamento de Dados, curso que optei não por paixão, mas por necessidade de arrumar um emprego. Durante o ensino médio, realizei cursos na área de mecânica, mas não conseguia emprego. Nas entrevistas, meus concorrentes tinham mais tempo de experiência do que eu tinha de vida. Concluí o ensino médio preocupado com o que iria fazer e, ao ver os anúncios de empregos e por conselho do meu irmão mais velho, resolvi ir para a área de informática.

Atento às necessidades do mercado, iniciei a faculdade em 1996. Nunca tinha feito um curso de informática e estava completamente perdido, era um novo mundo. Preocupado com me manter na faculdade, logo no primeiro mês comecei a procurar estágios, não apenas para dominar o assunto mas também para ter uma renda que ajudaria nos custos de livros, na condução e na mensalidade. Meus pais ajudaram, e muito, mas a situação não era fácil. Morava no bairro de Itaim Paulista, na Zona Leste de São Paulo, e estudava na região central, em Higienópolis. Para quem não conhece a cidade de São Paulo, o bairro Itaim Paulista é o último bairro da cidade. Logo no primeiro semestre, no início do curso, fiz um acordo financeiro com a instituição para conseguir continuar e não desistir – é preciso ser persistente e comprometido com os nossos objetivos.

Eu tive e tenho dificuldades todos os dias. A vida é cheia de desafios e obstáculos, que para muitos são motivos para desistir. Minha vida não foi fácil, e aprendi com meus pais que desistir jamais, é preciso enfrentar e encarar todos os obstáculos para alcançar nossas metas e nossos objetivos.

O estágio – em busca de crescimento profissional

Mesmo com todos os problemas e dificuldades, com o apoio da família, consegui chegar ao quarto semestre do curso. Descobri que aprender coisas diferentes, que não se imagina, é de alguma forma sempre positivo. Independentemente do que você gosta, diversifique o aprendizado.

O SUCESSO NÃO É TRABALHAR COM O QUE VOCÊ GOSTA, É TRABALHAR COM O QUE VOCÊ É BOM!

Sempre gostei de pessoas e tenho facilidade para fazer novos amigos. Lembro até hoje que, no primeiro dia da faculdade, conheci dois amigos fugindo do "trote". Ficamos escondidos no banheiro com a porta fechada, na verdade trancamos e conseguimos sair pela janela. O que realmente aconteceu nesse dia é outro conto, de superação e motivação.

Finalmente consegui meu primeiro estágio, tão esperado e sonhado. Foi no quarto semestre, quando fui convidado por um colega de classe. Imagino que muitos universitários, até da nossa sala, teriam recusado. O local do estágio era em uma cidade vizinha, do lado oposto do meu bairro. Lembra que comentei que morava no último bairro da cidade de São Paulo? Agora, imagine estagiar em uma cidade do outro lado de São Paulo! Mas aceitei!

O primeiro desafio profissional

Quem diria que aquele aluno que não entendia as matérias e quase desistiu poderia ter um estágio em uma rede de escolas de Informática, ensinar alunos. Apesar de o convite ter sido de um colega, tive de fazer todo o processo de seleção e recrutamento – afinal, amizade é amizade, e trabalho é trabalho. Após aprovado, fiz o treinamento inicial na cidade de Taboão da Serra, em uma das unidades da rede. Aprovado nessa etapa, o estágio finalmente começou, e você não vai acreditar...

Se a cidade de Taboão da Serra já era longe, imagine trabalhar na periferia da cidade de Embu das Artes! Isso mesmo, o estágio era lá! Com início às 8 horas, todos os dias por volta das 4h30 eu já estava no ônibus, muitas vezes dormindo ou apenas cochilando. Do estágio, ia direto para a faculdade na região central de São Paulo. Você deve estar perguntando quantas horas conseguia dormir por dia, e eu respondo: chegava em casa por volta da meia-noite e dormia em média quatro horas por dia.

Os ônibus e o metrô tornaram-se meu local para descansar, dormir e estudar quando conseguia ficar com os olhos abertos. Arrependimento? Não, alegria por ter conseguido atingir meus objetivos com persistência e comprometimento. Fácil não foi! Mas tudo o que eu conquistei, para alguns, foi sorte, para a minha família e amigos, foi fruto de muita dedicação e trabalho.

O segundo desafio profissional

Depois de três meses fui surpreendido com as férias e com o fim do contrato de estágio. Mais uma vez desempregado e com a mensalidade da faculdade para pagar. Férias? Que empresa busca estagiários nesse período?

Várias ideias, mas nunca desisti dos meus objetivos nem dos meus desafios até empreender. Mas como se meu pai era funcionário em uma indústria e minha mãe funcionaria da prefeitura. Exemplo de empreendedorismo não existia, as ideias surgiam, e eu não sabia o que fazer.

Conversando com dois amigos tivemos a ideia de abrir uma rotisseria. A ideia era muito boa, e, depois de algumas pizzas e conversas, achamos um ponto comercial. Sem dinheiro para investir, começamos a pesquisar produtos e equipamentos necessários para abrir a empresa. O que poderia ser aproveitado que tínhamos em nossas casas? E cada vez mais o medo crescia e algo acontecia com meu estômago. Dava um frio na barriga, mas sabia que não podia desistir. Na época cada amigo tinha em média apenas R$ 1 mil para investir. Era um segmento novo que eu também não conhecia.

Em alguns momentos ficava pensando no estágio, como eu gostava de ensinar os jovens. Ganhava dinheiro ajudando as pessoas a ter uma nova oportunidade, vendia conhecimento e sonhos de um futuro melhor. Saudades daquela época, que, na verdade, sinto até hoje.

O projeto da rotisseria estava devagar, não apenas pelo medo de abrir um negócio próprio, mas também por falta de experiência. Comprar uma rotisseria pronta seria muito mais fácil.

Os dias passam e noites sem sono, pensativo! Certo dia, o telefone tocou, e era o meu amigo da faculdade, o que havia me convidado para fazer o estágio. Conversamos um pouco, menos de dois minutos, e ele me surpreendeu com uma pergunta. Algo que eu não esperava, só sonhava nas noites sem sono. A pergunta era direta, se eu queria comprar uma das escolas da rede onde fiz o estágio, na verdade a escola localizada na cidade do Taboão da Serra onde realizei o treinamento inicial. Era o primeiro passo para o empreendedorismo, ainda jovem, sem experiência. Fiquei animado, e o próximo passo era ir conversar com os responsáveis pela rede no dia seguinte. Mais uma noite sem dormir, mas entusiasmado! Conversei bastante com meus pais. Ter o apoio da família é fundamental para qualquer desafio, seja na vida pessoal, seja na profissional. Sem dinheiro para o investimento e com o incentivo dos meus pais, fui no dia seguinte ouvir a proposta.

A proposta era comprar uma escola, na época, com 120 alunos. Todas as planilhas e números foram apresentados, tudo era novo. Naquele momento a confiança valia mais do que todas as planilhas. Estava gostando da possibilidade, eu empreendedor!

As vantagens era adquirir uma empresa funcionando, com faturamento e clientes, dentro da minha área e na qual eu já havia trabalhado como estagiário, mesmo que por pouco tempo.

As desvantagens, aliás, a principal, era empreender.

Por ética, procurei os dois amigos com que estava avaliando abrir uma rotisseria. Apresentei a proposta para eles, convidando-os para serem meus sócios. Eu queria, confiava neles, e juntos o crescimento da empresa seria mais rápido e sustentável. Um deles recusou, e o outro aceitou. Fiquei feliz!

No dia seguinte fechamos o negócio com uma entrada e o restante da compra parcelado. A escola funcionava na época todos os dias, incluindo os domingos. Era cansativo, mas compensador! Mais um desafio concluído, com planejamento, persistência e comprometimento.

O crescimento

Tudo estava acontecendo dentro do planejado, a empresa estava crescendo. Alguns problemas, como em todos os negócios, mas eram resolvidos. Uma das dicas que posso ensinar é, se tem problema, resolva! Com o tempo aprendi que os problemas podem ser evitados; é possível prever quando algo de errado vai acontecer e desenvolver estratégias para evitar ou minimizar os danos.

Três meses depois da nova aquisição, surgiu a oportunidade de tornar-se sócio em uma segunda escola, na cidade de Embu das Artes. A empresa estava com falhas na administração, e a minha estava se destacando pela gestão eficiente. Aceitei o desafio!

Como já comentei, morava do outro lado da cidade, estudava todas as noites e agora era sócio de duas empresas. Tudo isso sem carro, de transporte público. Tinha muitos motivos para continuar só no estágio, poderia ter inventado desculpas, mas queria ter sucesso e sabia que desafios são necessários.

Como todas as empresas, era preciso captar novos clientes para crescer, administrar os cancelamentos e a inadimplência. Gestão simples ou complexa, com certeza, complexa. Se alguém disser que administrar um negócio é simples, desconfie.

Descobri que era preciso pensar no negócio, em novas estratégias para crescer. Fazer diferente dos concorrentes e ter diversas ações juntas para conseguir atingir as metas.

O primeiro ano como empreendedor passou muito rápido, estava satisfeito com as conquistas e os resultados. O apoio e o incentivo da família foi um dos pré-requisitos para o sucesso.

Por causa da distância e perda de rendimento na faculdade, resolvi abrir uma nova escola no bairro onde morava, no Itaim Paulista. Meu sócio dessa vez foi meu pai, que sempre esteve ao meu lado. Foi tudo muito rápido! Compramos os móveis, alugamos o espaço e começamos a divulgação na região. Algo estava errado, depois de dois meses tínhamos apenas sete alunos. Ficamos preocupados! Foi preciso repensar e planejar. Aos poucos, novos alunos apareceram e conseguimos chegar aos 60 alunos matriculados e estudando. Ainda não pagava as despesas.

Era o momento de ter foco nessa nova empresa, e tive de vender as outras duas. A distância era o principal motivo, e com dor no coração, conseguimos vender. Em uma das escolas, o comprador pagou a entrada e até hoje, anos depois, não recebi o valor das parcelas. Vendi uma empresa sem receber. A inexperiência em negócios e a confiança elevada nas pessoas me deixaram desanimado.

Com fé e muito trabalho, logo após o golpe, conheci um vendedor que ajudou no crescimento da empresa. Várias estratégias de vendas e marketing foram desenvolvidas, e no ano seguinte chegamos e quase mil alunos ativos e pagantes. Foi só o começo!

Com o crescimento observamos a necessidade de sair de uma sobreloja e ir para o térreo, não apenas pela visibilidade, mas também pela acessibilidade. Um dos fatores que eu acredito ter ajudado no meu sucesso é gostar de pessoas. Quando gostamos de pessoas, queremos tê-las ao nosso lado, e elas percebem todo esse carinho.

Todas as empresas precisam entender o que está acontecendo no mercado, fora da empresa. Muitos empresários ficam preocupados com o operacional e a burocracia e esquecem os clientes, os concorrentes e as mudanças que estão acontecendo na sua região e no mundo. Para empreender, é importante estar sempre atualizado.

Mudanças são necessárias
Mudanças são necessárias, até mesmo mudar de cidade. Estava satisfeito com os negócios, com os lucros.
Em 2009 já estava casado, uma mulher companheira e amiga. Dizem que o amor é cego, mas no meu casamento o amor é a soma de duas pessoas com um único objetivo: ser feliz e construir uma linda família.
Mudando de assunto, lembra o meu amigo da faculdade que de alguma forma foi "culpado" pelo meu empreendedorismo? Nunca perdemos o contato. A amizade ficou cada vez mais forte, e, até hoje, é muito mais que amigo, é um irmão. Nas férias, no carnaval e até nos fins de semana, estamos sempre juntos. Cada viagem uma história, algumas que não podem ser escritas e outras que dariam um livro.
Certo dia, no ano de 2009, o telefone tocou. Era o meu amigo. Dois minutos de conversa, e ele faz uma pergunta... Algo semelhante veio a minha mente, e sabia que um novo desafio estava por vir. A pergunta era direta: se eu estava disposto a mudar para a cidade de Bertioga, litoral de São Paulo. Com o apoio da minha esposa, mudamos e assumimos uma nova escola que estava com vários problemas de administração e reputação na cidade. Várias propagandas enganosas foram feitas, e o desafio era diferente. Não tinha visto nada tão complicado como aquela empresa.
A cada dia era um problema, mas, nessa empresa, a cada hora alguns novos problemas. Pensei em desistir. Minha esposa não deixou, e juntos, aos poucos, conseguimos solucionar cada um dos desafios. O investimento financeiro foi alto, consertar é mais caro do que começar do zero. Mas o emocional e o investimento em esforços foram muito maiores.
É preciso estar atento às mudanças para crescer e permanecer no mercado. Concorrentes, não tenho medo. O meu maior medo é de empresários desonestos, que fazem propagandas enganosas e de alguma forma "queimam" nosso segmento. Sempre com honestidade e entregando o que foi prometido, conseguimos crescer e lançar cursos novos, tornando nossa escola de informática e idiomas uma empresa completa da área de educação. Atualmente, oferecemos diversos cursos, como: Eletricista, Desenho Artístico, Teatro, Gastronomia, Preparatórios para

concursos públicos e vestibular, entre outros. Em resumo, temos a maior estrutura física da cidade em nosso segmento, e acredito que o segredo é "gostar de pessoas". Ajudar nossos alunos e nossos clientes a realizar seus sonhos; assim, nossas metas são consequência.

O resultado

Estamos em 2017, e estou completando 20 anos no segmento. Cada ano um novo desafio e muito aprendizado. A cada desafio me apaixono ainda mais pela minha esposa, que está sempre ao meu lado, meus pais e minha filhas, Nicole e Duda.

Acordo todos os dias, vou remar de canoa havaiana, volto para casa e depois vou trabalhar. Tenho uma equipe de funcionários que são amigos e sei que posso contar com o apoio e a dedicação de todos.

Eu consegui, você também consegue!

10

Superando desafios

Nestas linhas compartilho como se deu o início da minha jornada como empresário. Relato como foi sair de uma situação de miséria total, desacreditado por todos, e conquistar coisas que pareciam impossíveis. Espero contribuir de alguma forma para a sua jornada também. Boa viagem!

Oswaldo Segantim Junior

Oswaldo Segantim Junior

Cofundador da Enjoy, *practitioner, life and business coach*, professor e palestrante. Formado em Processos Gerenciais pela Uninter e em PNL e *Coaching* pela Sociedade Brasileira de Programação Neurolinguística (SBPNL), atua há mais de 20 anos na área de vendas e há mais de 15 anos no segmento de educação e idiomas. Em 2002, iniciou seu caminho no ramo de escolas de inglês com a Univercity Studios. Essa jornada de autoconhecimento e aprendizado culminou na primeira escola ENJOY, em 2006. Hoje, já conta com mais de oito escolas próprias estruturadas e lançou-se no modelo de negócios *franchising*, que já possui nove unidades implementadas e em funcionamento. Desde que teve a oportunidade de montar sua primeira escola, em 2004, não parou mais de se desenvolver, investindo sempre em educação, formação comportamental e participação em um programa intensivo dos Sete hábitos das pessoas altamente eficazes, com Franklin Covey do Brasil. Atualmente, conta com um time de 250 pessoas em todo o grupo Enjoy.

Contatos
www.cursoenjoy.com.br/
oswaldo@cursoenjoy.com.br

Pense em uma pessoa no fundo do poço. Dominado pelo vício, sem perspectivas ou vontade de lutar. Essa pessoa era eu. Entretanto, em 2000, decidi mudar minha vida. Recomeçar do zero e me reencontrar. Comecei uma reabilitação por causa da minha dependência química na Comunidade Terapêutica Caminhar. Passei a trabalhar como voluntário e lá descobri minha verdadeira vocação: ajudar os jovens dependentes químicos, assim como eu havia sido, a entender que é possível ter uma vida melhor, livre do vício e com perspectivas de crescimento. E, em 2001, ainda como voluntário da clínica, conheci o Denis. Juntos, descobrimos que poderíamos mudar a vida de muitos jovens, não apenas a nossa, pela educação. Esse virou nosso propósito de vida. Nossa trajetória de empreendedorismo, de crescimento e autodesenvolvimento começou ali.

Ter um propósito de vida provoca mudanças e oferece um universo de possibilidades

Até 2001, eu não acreditava que era possível ter uma vida diferente da que eu levava. Ficar longe do vício já tinha sido minha maior vitória, e meus outros sonhos haviam ficado para trás. Contudo, conhecer Denis, estabelecermos estreitos laços de amizade e percebermos que tínhamos tanto em comum nos desejos profissionais me fez perceber que meu propósito de vida não acabava ali, apenas começava, em um universo de inúmeras possibilidades.

Em 2002, ele me chamou para iniciarmos um trabalho comercial em uma rede de escolas de inglês, a Univercity Studios. Concordei imediatamente, e começamos nossa jornada de mudanças. A Univercity era uma escola de inglês para adultos, e nosso objetivo era trazer jovens para estudar inglês também.

Com a expertise do Denis em vender cursos de Informática em escolas e meu *know-how* em trabalhar com jovens, em menos de um ano conseguimos mais de 1.500 alunos para a escola de Santo André, em São Paulo. Esse foi um renascimento não apenas profissional como também pessoal.

Depois de todas as consequências graves e negativas que as drogas trouxeram para minha vida, pude colocar novamente minhas habilidades positivas em motivar e inspirar as pessoas a investir em educação. Esse novo propósito de vida provocou muitas mudanças em minha vida, tornando-me um indivíduo mais consciente de minhas ações e ávido por aprender cada vez mais e me desenvolver como profissional e como pessoa.

Eu tinha um trabalho nobre como coordenador geral na Comunidade Terapêutica Caminhar, mas eu queria mais. Queria impactar a vida dos jovens, mostrar que havia escolhas melhores a serem feitas. Nosso sonho se tornou ter a própria escola. E a partir daí, um universo de possibilidades se abriu para nós dois.

Em 2004, em Diadema, tivemos a oportunidade de montar nossa primeira escola com o presidente da rede Univercity Studios, já com um modelo voltado para jovens. Nós nos tornamos sócios dessa unidade e éramos responsáveis pela parte comercial, enquanto o Jober Chaves cuidava de todas as outras operações.

No meio do caminho, por motivos pessoais e profissionais, Denis optou por se desligar da sociedade e assumir uma escola em São Bernardo – que, futuramente, seria a primeira unidade da Enjoy. Foram seis meses em que atuei sozinho em Diadema, e o Denis, em São Bernardo. Entretanto, não estávamos satisfeitos e percebemos que trabalhávamos melhor em conjunto. Além disso, começávamos a visualizar uma escola independentemente de outros sócios e marcas. Queríamos, como desde o princípio, a nossa própria escola. Foi, então, que Denis, novamente, me chamou para trabalharmos juntos.

Aprendendo a empreender: como lidar com os desafios de ter o próprio negócio

Empreender não é fácil. Qualquer um que lhe disser o contrário estará mentindo. É preciso ter um sonho, e isso nós já tínhamos. Mas, além disso, é preciso ter foco, disciplina, força de vontade e conhecimento sobre as nuances do empreendedorismo, e era disso que eu sentia falta. Nunca havia empreendido, não de verdade, em meu próprio negócio. Por isso, senti necessidade de me especializar.

Nesse contexto, conheci o Empretec, que é um seminário desenvolvido pela Organização das Nações Unidas (ONU) promovido em mais de 34 países, sendo ministrado aqui no Brasil pelo Sebrae. Antes do seminário, estávamos brincando de empreender. E, apesar de termos responsabilidade de "gente grande", os ganhos não estavam sendo compatíveis com nosso trabalho. Vivíamos na pele o grande desafio de ter o próprio negócio no Brasil. O Empretec mostra que os empreendedores são capazes de transformar tanto o seu negócio como a sua vida, e isso foi um divisor de águas para mim.

Com os conhecimentos obtidos no seminário, passamos a desenvolver um estudo aprofundado de grandes redes de escolas de idiomas para compreender o que eles faziam, como faziam e como podíamos fazer melhor. Melhoramos nosso modelo de negócio e tornamos nosso modelo pedagógico mais robusto, o que se traduziu em mais alunos e uma equipe maior.

Percebemos que de nada adiantava só pensar no valor da mensalidade, ou seja, 1.000 alunos pagando R$ 50,00, se com esse valor não estávamos conseguindo entregar algo de valor. Inicialmente, acreditávamos que poderíamos atender a mais pessoas – com qualidade – a um valor baixo. Entretanto, a estrutura que tínhamos desejo de entregar seria inviável com essa mensalidade. O Empretec mostrou que poderíamos cobrar um valor maior, entregar um serviço de qualidade e haveria pessoas dispostas a pagar por isso, pois enxergam o valor da educação.

Pensando nisso, em 2006, abrimos nossa primeira unidade da Enjoy, em São Bernardo do Campo, e escrevemos nosso próprio curso e desenvolvemos nossos modelos comercial, administrativo e pedagógico, pensando em como agregar valor para nossos alunos e empreender de maneira sustentável.

As crenças limitantes e o poder da mente

Depois do Empretec, minha jornada de autodesenvolvimento não parou. Muito pelo contrário! Passei a acelerar ainda mais meu aprendizado. Estudei sobre neurolinguística, comportamento e *coaching*. Tornei-me *practitioner, life and business coach*, além de participar de um programa intensivo na Franklin Covey no Brasil sobre hábitos e eficácia, ou seja, alto desempenho.

Nosso desejo com a Enjoy sempre foi construir um futuro melhor para os jovens de classes menos favorecidas e mostrar a eles que é possível ter oportunidades no mercado de trabalho se priorizarem a ética, a honestidade e o caráter. Foi assim que surgiu um conceito diferente de escola profissionalizante: resgatar valores e aplicá-los em nossa filosofia de trabalho e de vida.

Passamos a oferecer um curso exclusivamente de inglês profissionalizante, com aulas do idioma e de conceitos administrativos vividos pela prática. Tudo isso em um ambiente que estimula valores e cuida das pessoas, formando profissionais capacitados, que se tornam agentes transformadores da própria realidade, a dos seus familiares e de todos ao seu redor.

Ao transformar a vida de um aluno, crescemos juntos e avançamos além de nossos limites como indivíduos dentro de uma sociedade. Nosso objetivo e nosso sonho sempre foi esse: promover bem-estar para, acima de tudo, cuidar dos nossos jovens e fazê-los felizes.

Para isso, contudo, é preciso desenvolver um trabalho mental muito bem elaborado, a fim de quebrar crenças limitantes, como: "nunca vou conseguir", "não tenho capacidade", "só é possível ganhar dinheiro fazendo coisas erradas", "não tenho tempo", "não sou bom o suficiente", "não consigo aprender isso", "não sei resolver esse problema", "estou destinado a essa vida porque essa é a situação da minha família", "o mundo está em crise", "os outros precisam mudar para minha vida melhorar".

A realidade de nossos jovens e alunos é a de classes desprovidas de qualquer incentivo. Em sua maioria, vêm de escolas públicas, cuja realidade é dura e, muitas vezes, sem perspectiva. Por esse motivo, é preciso trabalhar fortemente a ressignificação, ou seja, compreender que experiências ruins e palavras negativas proferidas por quem amamos e admiramos fazem com que bloqueios mentais sejam criados. E quanto mais alimentamos os estereótipos, mais nos tratamos de forma pejorativa e agimos de maneira pessimista. Isso também é agravante quando somos expostos repetidas vezes a comportamentos negativos ou nocivos. Por meio da ressignificação, é possível encontrar algo positivo em uma situação oposta, estimulando os jovens a eliminarem suas crenças limitantes e focarem em suas qualidades e suas possibilidades, ainda mais quando investem em sua educação.

O maior exemplo que podemos dar somos nós dois, que só tínhamos o ensino médio, éramos dependentes químicos e não tínhamos perspectiva alguma. Mas, pela educação, evoluímos e nos livramos de nossas próprias crenças limitantes.

Tudo começa pela mente do aluno, mostrando que ele pode. E, assim, desbloqueamos o aprendizado.

Quando a fórmula do sucesso começa a funcionar

Ao reconstruir nossos processos gerenciais e o plano de marketing, nossa fórmula passou a funcionar. E esse sucesso foi traduzido em mais uma unidade da Enjoy, em 2007, em Sandro André, São Paulo. Em pouco tempo, tínhamos mais de oito unidades em pleno funcionamento.

Batíamos todas as metas de faturamento, de matrículas... E nosso modelo comercial agressivo trazia resultados. Tínhamos uma competição interna, um ranqueamento dos colaboradores para estimular ainda mais o crescimento.

Em meados de 2013, decidimos estudar outra vez e ver como podíamos melhorar ainda mais. Partimos em uma jornada chamada Metanoia, por meio da qual remodelamos toda a parte cultural da empresa. Nesse sentido, fizemos carta de valores com os colaboradores, decidimos qual era nosso negócio e definimos quem realmente era nosso cliente após pesquisas aprofundadas.

Decidimos repensar tudo e mudar a equipe. Para isso, paramos de aceitar novas matrículas durante esse período. E esse foi nosso grande erro. Perdemos muitos clientes, pois um curso de livre demanda oferece esse risco, por isso é necessário obter matrículas todos os dias – e nenhum cliente novo entrava, o que fez com que nosso faturamento despencasse.

Nesse cenário, mais de 120 colaboradores foram demitidos, e, ao tentar reformular nosso modelo, voltamos ao antigo, em que deveriam ser feitas matrículas todos os dias, tão agressivo quanto antes, mas com um resultado diferente, pois conseguimos melhorar nosso processo de recrutamento e seleção e a consciência dos colaboradores sobre a visão da empresa ("transformar vidas"). Esses seis meses foram extremamente úteis para ajustar o modelo que estava funcionando para algo ainda melhor, mais sustentável.

Esse era o modelo sustentável para um curso de livre demanda. Contudo, percebemos que só isso não bastava. Era hora de procurar um novo propósito em termos de empreendedorismo. Em 2015, após um longo estudo e planejamento, acreditávamos que era hora de repensar esse modelo. Era hora de pensar em expandir.

Hora da expansão: iniciando o modelo de franquias

Esse desejo de expandir e se espalhar pelo Brasil era algo que tínhamos desde o começo da Enjoy, em 2006. Contudo, acreditávamos que esse sonho seria realizado com escolas próprias. Com o tempo, no entanto, enxergamos que dessa forma demoraria muito para alcançar o território nacional. Como já havíamos formatado um negócio com um modelo sustentável para processos de contratação, premiação, método de ensino e sistema de gestão próprio (CAPsystem), sentimos que estávamos prontos para expandir.

Em uma reunião com um grupo que gerenciava escolas profissionalizantes, decidimos nos juntar. Três escolas dessa rede se converteram em Enjoy. Entretanto, a união durou apenas seis meses, pois a forma de pensar era muito diferente da mentalidade da Enjoy. E, por isso, decidimos continuar apenas eu e o Denis, trazendo as três escolas que haviam se convertido em Enjoy. Essa fusão, mesmo que malsucedida, fez com que percebêssemos que a expansão por meio de franquias não só era possível como já era uma realidade.

As vantagens de ser um franqueado da Enjoy

A Enjoy é um modelo de negócios de sucesso, pois temos – em nossa rede própria – mais de 10 anos de testes de acertos e de erros que formataram o modelo e o transformaram no que é hoje. Agora, estamos repassando esse modelo de sucesso aos franqueados. A Enjoy não é uma idealização, mas um modelo exaustivamente testado e que agora está sendo compartilhado.

Nós auxiliamos o franqueado na implantação, no momento que ele vai alugar um prédio para a escola franqueada, passando o tamanho do prédio adequado, analisando fotos e locais com o franqueado. Temos todas as métricas de imóveis para apresentar ao parceiro.

A partir do momento em que o imóvel é alugado, entregamos a planta do prédio desenhada para que o franqueado possa visualizar a escola desenhada (para fazer divisórias, paredes, etc.) com comunicação visual, fachada, etc.

Após essa etapa, o franqueado deve passar uma semana com nossa equipe para um treinamento intensivo sobre implantação, na sede, em São Caetano do Sul. Além de conhecer todo o universo Enjoy, repassamos o modelo de processo seletivo, pois sabemos quanto uma equipe é importante para o sucesso do modelo de negócios.

Esse, de fato, é um dos pilares que a Enjoy entrega para seu franqueado, pois sabemos quanto empresas e empresários sofrem para realizar boas contratações. Utilizamos um modelo próprio de contratação baseado na metodologia da Disney, em que nos firmamos em sonho, realidade e crítica. Hoje, temos muito sucesso com nossa seleção.

Nosso modelo comercial entrega e ensina como realizar matrículas todos os dias, que é muito importante em uma escola de cursos livres. Além disso, temos o CAPsystem, que mencionei anteriormente. Ele faz muita diferença, pois mostra todos os indicadores que a escola precisa acompanhar (alunos, frequências, pagamentos, cobrança, dados dos alunos, etc.). Também temos uma metodologia de ensino própria, baseada em aprendizagem acelerada e inteligências múltiplas.

Por fim, temos um suporte que monitora constantemente os resultados diários dos franqueados e passa *reports* semanais sobre o desempenho da escola e diagnóstico, para ajudar o franqueado a melhorar – se houver deficiência em alguma área –, ou repassar os resultados positivos, indicando que ele está no caminho certo.

Nossa visão é transformar vidas. No início, era a vida dos jovens sem perspectivas, como eu fui um dia. Hoje, também podemos mudar a vida de pessoas que sonhavam em empreender, mas não tinham o suporte que fornecemos pela Enjoy. Tem o sonho de empreender? Converse comigo!

Impressão e acabamento

Fone (51) 3589 5111
comercial@rotermund.com.br